心に効く美容

MEGUMI

講談社

はじめに

この本を手に取っていただき、ありがとうございます。

この10年ぐらい、
MEGUMI姉さんって元気だよね?
いつも本当ぶれないよね。パワーあるよね。
毎日のように、こんな言葉をかけてもらいます。

そもそも姉さんと言われてる時点で、
かなり強いと思われているのは自覚しています(笑)。
おそらく、メディアで私を知ってくださっている方も、
そんなイメージを持っているのではないでしょうか?

ですが、私の近くに居てくれる家族、友人、2人のマネージャーの中に、
私を本当に強いと思っている人は誰も居ないと思います。
先のことを考えすぎては心配になり、
悲しいことがあればしっかり落ち込むし、
気分のムラだって毎日あります。
自分的には、人一倍感情的な弱い性格で、
決して根アカではないと自覚しています。

芸能界はご存じの通り、浮き沈みが激しいうえ、
スーパー受け身の世界です。
受け身ということは、どんなに努力しても
仕事がないときはないんです。
こんな環境に20年も居ると
自分の感情が激しく乱れることが頻繁におき
その海から抜け出せなくなることが何度も何度もありました。

自分の感情に溺れるのは、本当に辛く、苦しく、
どうにか変われないのか？
と藁《わら》にも縋《すが》る気持ちで、様々なことを試しました。

自己啓発本を読み漁り、身体を鍛え、食事も変え、
セラピーにも行き、臨床心理士の方にも会いましたし、
スピリチュアルにもハマり、美容も死ぬほどやりました。

そんな様々なことを試すなかで、
自分の感情は変えられないけど、
たづなを引くことはできるということが少しずつ分かってきました。

私は皆さんが思うように強いわけではなく、
用途に合わせていろいろなことをやって
何とか毎日やれてるだけなんです。

どんなにキレイな服を着てメイクをしていても、
心がくすんでいては、本当に美しいとは言えません。
心のよどみは、大人になればなるほど
透け出てしまいます。

この本では、様々な専門家の皆さんに
教えていただいたことを、ひたすら試し、
これは効いたと感じた
「心に効く美容法」を紹介しています。

この本を読んで少しでも皆さんの毎日が
明るくなることを願っています。

２０２４年４月
ＭＥＧＵＭＩ

第1章

KNOW YOUR WEAKNESS.
KNOW YOUR PAIN.

CONTENTS

第2章

GLOWING SKIN EMPOWERS YOUR MIND.

美肌は心を強くする ―― 034

第3章

MIND OVER BODY,
BODY OVER MIND.

身体へのアプローチで心が変わる —— 072

第4章

WHEN I SURVIVE
A MENTAL CRISIS.

第5章

HAVE YOUR LIFE THEME.
FIND A HERO.

本書に掲載された商品や美容法の効果には個人差があります。
情報の利用に関しては、ご自身の判断で行ってください。

KNOW YOUR WEAKNESS. KNOW YOUR PAIN.

自分の弱さと痛みを知ろう

1

身体の深いところに鍼を打ったら、
痛さとともに
悲しい、辛い感情が溢れてきて。
そこで初めて心の痛みに
気づきました

001

私たちは自分の弱さと痛みに気づきにくい

私たちの心と身体は、思っているよりもずっと毎日をサバイブして生きています。日々、**過剰な情報が入ってくる中で、自分が傷ついていることや、許せないでいること、身体の痛みなどに気づいてあげられず、他者の期待に応えることで精いっぱい！**　意識は常に自分の外側に向かっていて、内面の感情は置き去りになりがち。そして、そのことに気がついてすらいない状態の方がとても多いのです。

以前は私も、朝起きてすぐスマホを見て、家族の朝ごはんやお弁当を作って、家事をしつつ仕事のスケジュールのことも考えて……と、自分の気持ちや身体がどんな状態なのかを感じるタイミングがないまま一日を走り続けていました。そんな毎日の中では、自分の本当の弱さや痛みに気づくのは、とても難しいものなのです。

002
心の傷やモヤモヤに気づく訓練

35歳を過ぎたあたりから、心の状態は必ず顔に透け出てきます。まずは自分を責めずに、自分の中にチクチクと痛い、モヤモヤと重い感情がないかを観察する必要があります。具体的には「もうひとりの自分が、もうひとつ高いところから自分を見る」という客観的な目線をもつ訓練が大切なんだそう。「**あ、今私、イラッとしたな**」「**今の言葉は悲しいな**」など、**自分ってこんなことが許せないんだな、こんなことで傷ついたんだな、と咄嗟《とっさ》にでた感情を受け止める「クセ」をつけましょう**。心と身体の健康は、まず本当の自分を知ることから始まるのです。

たくさんの美容を通して分かってきたのは、どんなに肌がキレイになっても、心に膿《うみ》がたまったままでは本当の美しさにたどり着けないということ。まずは自分の心に寄り添ったケアで感情ごといたわる必要があると感じています。

003
感情のたづなは自分で引く

人は辛いときや頑張ったとき、私の気持ちを分かってほしい、気づいてほしいと思ってしまいがち。でも現実的には、子供時代と違って大人になると自分の小さな感情に気づいてくれる人はほとんどいません。ここはひとつ、**誰かに期待するよりも「自分の感情は、自分でたづなを引く」と腹をくくりましょう。**

そしてあなた自身を褒めてあげること。日本人は真面目だから、もっと頑張れたはず……と自らを責めてしまいがち。でも「**よく耐えたよ！**」「**よく出来てるよ！**」と**ひとつひとつを認めてあげられたら、少しゆるむことができて楽になれます。**

さらに自分で自分を幸せにする方法を持つこと。私にとって美容はまさにその代表。小さな幸せを積み重ねてくれる強い味方です。皆さんも毎日の中で、美容を通してどんどん自分を褒めてもらいたいです。

004
悩みをビジュアル化する

モヤモヤとした悩みの中にいる方におすすめしたいのが、問題を文字としてビジュアル化するということです。まずは手を動かして、感情をひたすら紙に書き出してみてください。傷ついたことや不安なこと、「まじムカつくー」「クソ〜っ」でもOKです（笑）。**モヤモヤをビジュアル化することで、自分はこんなふうに感じているんだ、という客観視ができます。**100万個くらいあると思っていた悩みも実際に書いてみると、「あれ？ 意外とこれしかないのか」と気がつくことも！「**これは私が悪いから謝ろう**」とか「**これは時間が解決する**」など、**次に進む方法が見えてきます。**ベストセラー作家の星 渉さんからは、さらにその紙を燃やすことをおすすめされています。〝消えてなくなる〟という感覚が心をすっきりとさせてくれるそう。やってみる価値、ありです。

［おすすめの書籍］
星 渉 著『神メンタル 「心が強い人」の人生は思い通り』（KADOKAWA）
自分のメンタルのたづなの引き方を教えてくれる一冊。

005 自分の「思考グセ」を抱きしめて、手放す

「ずっと心に抱えたまま、捨てられない悩みがある」「いつも同じようなことでくよくよしてしまう」という方、多いですよね。それは永遠の「思考グセ」からくるもの。私もちょっと暇になると不安になって、「仕事、大丈夫かな？」「これから先どうしよう」っていまだに思ってしまう。「おまえ芸能界、何年いるんだよっ‼」って自分でツッコミを入れたくなります（笑）。さらに人の顔色を気にしすぎて、「一瞬素に戻ったあの顔って、どんな意味があるんだろう？」と考えすぎてしまう、というクセも。そんな**毎回出てくる感情を、まずは少しずつ明確にしてあげることが一歩。そしてクセが出てきたら「また出てきたね、でもいらないよ！ バイバ〜イ」とその感情を手放すイメージを持つこと。**このトレーニングを何度もすることで、自分から離れていかない悩みや不安感が不思議と薄まってきます。

006
女は結論を急ぐ生き物

「私ってあなたの何？　彼女なの？　友達なの？」なんていう、あやふやな問題は一刻も早くスッキリさせたいのが女の本音。つい結論を求めてしまうことがあると思います。でも**自分を安心させたいがために答えを急かしても、あまりいい結果はもたらさない。それは焦りからくる不安を相手に押し付けているだけだから。**結局、いつだって**〝ポジティブに待つ〟ことができる人が〝勝つ〟**ことが多いと感じています。皆さんも経験があると思いますが、結論や決着って、思いもよらないタイミングで出ることも多いですよね。だから一回黙って、ベストを尽くして待つ！さらにいうと大抵、夜考えていることは暗く重くなりがち。そのときの感情に任せず、まずは一晩寝かせて朝まで待ってみる。いい結果をもたらすには時間がかかるんだよ、ということを頭において、あえて余裕を持つことをおすすめします。

007
心に効くのは外側からのアプローチ

生きていると、大小問わず本当にいろいろな悩みがあります。落ち込んだときは「このまま何もしたくない」という気持ちに支配されがちですが、そんなときこそ、心の外側からのアプローチで自分を優しく包んであげてみてください。**30秒でもいいから身体を動かす、いつもより少し時間をかけてスキンケアをする、お風呂で癒やされる、食事を変える、瞑想をする、鍼やマッサージに行く、信頼できる人に話すなど、外側からケアしてあげることで、少しずつだけど心が鍛えられていって、前に進む勇気ができてきます。**

次章からは、私が実際にやっている「心に効くアプローチ」をご紹介します。気力だけで這い上がろうとはせずに、動き出してみること。これならできるかも！という気になるものから是非、トライしてみてください。

GLOWING SKIN EMPOWERS YOUR MIND.

美肌は心を強くする

2

私が美容をやるのは、
肌がキレイになって心が強くなったから。
心をケアするために
美容をやってると言っても
過言じゃないんです

008
私がなぜ美容をするのか

あれは忘れもしない27歳のとき。TV番組の放映後、ネット上に「MEGUMIババア」「MEGUMI劣化」と容姿に関するコメントが溢れたことがありました。収録時は「とにかくファンデを濃く塗って!」とメイクさんにリクエストしていたほど、肌の状態が悪かったんです。ほかの撮影をしていても、「ほうれい線がある……。もう撮られるのはヤダ、この仕事、向いていないのかもしれない……」。

出産した直後で余計にナーバスになっていたのか、「もう家族だけでいいや……」と思い詰めるまでに。いろいろな人に会って、いろいろな場所に出向くタイプだったのに、かなり内向きな性格に激変。自分にとってはショックな出来事でした。**見た目が劣化しただけで、こんなに人格まで変わる。**まだ20代だったのに「もう私、おばあちゃんになるの?」と本当に恐怖でしかなかったです。

そんなとき友人のヘアメイクさんに「そろそろ本格的に美容をやったほうがいいよ」と言われ、勧められたものは片っ端から試そうと腹をくくりました。まずシートパックを朝晩するようになったら、3日で肌がしっとりするように。最初、私以外の地球上の人は誰ひとり、私の変化に気づいていなかったけど（笑）。「**えっ？こんなにすぐに変われるんだ！**」**と光が見えた**のを覚えています。すると1ヵ月やったらさらに変わる、1年続けたらもっと変わる、10年後はめちゃくちゃ変わっているかもしれないと希望が湧いてきたんです。

20代後半の頃はインタビュー中に撮影されると、どの写真もほうれい線がくっきり出て、使えるものがなかった。それが最近、「あ、これならいいかもな」と思えた写真があったんです。実際にあれほど悩んでいたほうれい線は薄くなりました。美容をやることで、肌だけでなく、確実に心も変われたと強く感じています。

自分を幸せにするのは美容が一番の近道。自分が幸せだと、余裕が生まれ、他者にもやさしくできる。結果、マインドも変わるし、仕事への向き合い方も変わることで、人生が変わる。それが私が美容をする、一番の理由なのかもしれません。

009
美肌になると幸福度が上がる

あるニュース番組で、「日本女性の自己肯定感が世界の中でも特に低い」ということを知りました。これは本当にショックでした。その後調べていたら、エーザイ※のアンケートで「肌に自信がある女性は、女性全体平均よりも自己肯定感が高い」「自分に自信がある女性は、女性全体平均よりも幸福感が高い」という結果があったんです。肌と自己肯定感が深く関係しているのは、自分の経験を通しても実感しています。以前の自分がそうだったように、肌にコンプレックスがあって自信がないと積極的に誰かに会いたいとか、何かに挑もうとか思えないのかもしれません。

肌の調子がいいと、それだけで何となく心が前を向いている。自己肯定感が上がり、そして幸福度が上がる。自分が身をもって感じていたことが調査を通じて確信に変わりました。

※チョコラBBブランド×HAPPY WOMAN調べ
2022年「働く女性の意識・行動実態調査」(エーザイ)
対象:20～50代有職者女性3165名

010

「発汗＋クレンジングバーム」で赤ちゃん肌に

私の理想とする美肌の条件は、赤ちゃんみたいに水分が詰まっている肌！　水分が詰まった肌を目指すために、私が美容のルーティンで何より大事にしていることは、とにかくまず汗をかくこと。

いいものを取り入れる前に、自分の中に溜まっているものをきちんと出しておく。肌も身体も、とにかくめぐらせなきゃいけない。サウナにもよく行って、汗をかいていますが、**顔にクレンジングバームを塗ってサウナに入ると、汗と一緒に毛穴から汚れが取り去られてスッキリ。**肌が確実にトーンアップする気がします。ターンオーバーを促すために汚れをしっかり落とすと、化粧水や美容液もぐんぐん浸透していって、まさに水分が詰まった肌に近づいていきます。発汗で排出し、スキンケアで美容成分をめぐらせる！　これが大切です。

「肌が確実にトーンアップするバームは、この2つ！」

右・天然精油の香りが心地いい温感クレンジングバーム。デュオ ザ クレンジングバーム ホットa　90g ¥3960／プレミアアンチエイジング　左・軽やかなテクスチャーのバーム。洗い上がりはしっとり。エスティ ローダー アドバンス ナイト クレンジング バーム 70ml ¥8580

011
「よもぎ蒸し」で週3日、玉のような汗をかく

日本の冬は湿度が低く、かなり乾燥するので汗をあまりかかないせいか、肌がくすみやすいと思うんです。肌のターンオーバーを促すには、やっぱり汗をかくことが必要です。

私は週3日、自宅でのよもぎ蒸しで汗をかくようにしています。もう全身から玉のような汗をかくので、肌全体がトーンアップ！　続けることで肌の調子が変わり、お尻の黒ずみもなくなり、頭皮の汚れもスッキリして、いいことずくめ。

これはOSAJIの茂田さんに教えてもらったのですが、最初に出る一次発汗は、汚れが付いたドロッとした汗。**二次発汗以降は、サラサラになり、ミネラルを含んだ汗の一部は、自分の肌に戻るそう。まさに肌の奥深くまで届く〝自発的美容液〟！**　他の方法では、ここまで水分が詰まったハリのある肌は叶いません。

「よもぎは発酵しているものを愛用。椅子や電気鍋、ポンチョはネットで購入。きちんと揃えなくても、小さいお鍋と簡易的な折り畳みの椅子などでもできるので、ぜひ試してほしいですね」

1. 天然100%国産よもぎ使用。酵母菌、乳酸菌などを高配合。伝統ある日本の漢方生薬会社にて黄金比率でブレンド。麻草（Asakusa） 300g ¥11000、麻草専用ガラスボトル¥4180／マールジャパン

2. よもぎ蒸し用ポンチョ¥5990（価格に変動あり）／North up

3. よもぎ蒸し（座浴）用　フタ付き電気鍋 ¥10373／SEVEN BEAUTY　椅子／私物

1

2

3

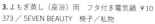

「安政元年から続いている老舗の香原料を使ったお香を愛用中。すっきりしたい朝に焚くと、気持ちにスイッチが入ります」。甘くほろ苦い香り。たもんオリジナルの特別なお香 天然白檀一味 ¥1900／たもんECショップ

012
朝のルーティンが今日一日をつくる

まず朝起きたらすぐに、「懸垂バー」にぶら下がります。固まっていた身体がほぐれて一気にめぐる感じがするんです。それから部屋の空気を入れ替えるために窓を開けて、太陽を見て〝めっちゃキレイだなぁ〟と感じたあと、たもんの白檀のお香を焚いて朝の準備をしていくと、覚醒して元気になっていきます。

瞑想家のニーマル先生に教えてもらったのですが、**朝起きて最初の感情が、その日の一日の「思考グセ」をつくってしまう**そうなんです。私もついしがちなのですが、朝イチでスマホを見て、いろいろな情報をキャッチして、自分をネガティブな感情にさせるのはもったいない。時間があるときは、太陽の光を浴びながら散歩するのがおすすめ。幸せホルモン「セロトニン」が出た状態で、一日をスタートさせることができます。朝一番に、自分に何を感じさせるかが勝負！

ROUTINE

パワフルな一日をつくる朝のルーティン

Step 1

目覚めたら、まず「懸垂バー」にぶら下がる

↓

Step 2

窓を開けて、光を浴びる

↓

Step 3

覚醒するためにお香を焚く

↓

Step 4

レモンを搾った白湯を飲む

↓

Step 5

まだ眠いうちから瞑想したり
YouTubeを見ながらストレッチ

↓

Step 6

洗顔後、朝のスキンケア

↓

Step 7

水分補給しながら、朝の散歩

↓

Step 8

朝食

2

1

3

1.「香りが柔らかく、やさしい洗い上がりで、メイク前のしっとりした肌づくりに最適」。ママバター フェイスウォッシュ 150ml ￥1760／ビーバイ・イー

2.「朝のスキンケアは重すぎず、しっかり保湿力のあるものを」。上・発酵科学×ビタミンパワーで、長時間もっちり肌に。FAS ザ ブラックエーシーオイルセラム 30ml ￥12100／シロク　中・みずみずしいハリツヤ肌に。ルルルンプレシャス WHITE（クリア）32枚 ￥1870／Dr.ルルルン　右・肌のバリア機能をアップ。トリロジー バイタル モイスチュアライジングクリーム 60ml ￥5610／コスメキッチン

3.「ベッドの横に設置。朝起きたときにぶら下がると、体がほぐれてゆるむのを実感します」。部屋の一角でできる、本格的な懸垂トレーニング。エピトレ 懸垂バー／私物

013 私の「レスキューコスメ」最新版

肌トラブルは心をくすませます。身体からのSOSのサインなので、自宅でケアする場合は、とにかく効果的でテクスチャーがライトなものに変えるのがおすすめ。私が最近愛用している韓国コスメの「ハニスル」は、**美容クリニックで美容施術後に、肌に負担をかけずに回復を促すために使われているもの**で、植物由来の成分で作られています。肌への浸透率がとても高いので、これを使うと植物のパワーで、肌が内側から整っていくのを感じます。

「BONITO」のオールインワン保湿美容液は、赤ちゃんも使えるので安心です。また、身体の外側だけではなく、内側のケアも大切。肌トラブルは免疫力が下がって身体の中の毒を出したいというサイン。食生活を見直すことも大切です。私の場合、ミネラル豊富な「若玄米」を食べて、排出を促すようにしています。

1

1. 左から・ハニスル レスモアノニジェルクレンザー ₩43000、同トナーフルイド ₩49000、同インテンスリペアリングマスク10枚セット ₩40000、同アドバンスドアンプル ₩120000、同デイリーサンクリーム ₩38000、同マイルドクリーム ₩58000 ／ MEDICAL O JAPAN（2024.3.1現在￥1＝₩10）

2. 「集中的に若玄米と具沢山味噌汁を主食にして、食事を見直すことも。続けると肌と身体が変わります」。若玄米リセットプログラム®（食べる断食®）※健康食育シニアマスター指導のもとで10日間実践（食材つき）￥59400 ／日本健康食育協会

3. 「赤ちゃんも使えるくらい安心の成分。私の定番・お守り的コスメ！」。ホルモンバランスを整えるダマスクローズを配合。BONITO モイストルーツ 150ml ￥16500

3

2

014
週2の「クレイパック」や「ゴマージュ」でくすみを除去

皆さんに肌の悩みを聞くと、目の下のクマや毛穴と答える方が多いのですが、私はその前に〝くすみ〟を改善することが必要だと思うんです。肌のくすみはターンオーバーがうまくいってないということ。それによって毛穴が開き、クマが生まれて〝老けた！〟という印象を加速させてしまうし、自分の心もくすんでしまう。

肌のくすみを取り去るには、ターンオーバーを促すこと。そのために週2回のクレイパックやゴマージュは欠かせません。**特に、クレイは毛穴汚れや古い角質など蓄積された老廃物を吸着して絡め取ってくれます。**たまに手やお尻など全身で気になる部分にもクレイパックすると、ツルツルになって見違えますよ！

くすみを取り去ると、人からの印象も180度変わる。その大きな変化で、自分のマインドも確実に前向きに変わります。

「国産有機米ぬか、国産クレイなどが配合されたマッサージボール。毛穴や汚れ、ざらつきをやさしく取り除いてくれます」。ドゥーオーガニック マッサージ バッグ〈マッサージ料〉 6個入り ¥3300／ジャパン・オーガニック

右・「手早くくすみを取るならゴマージュもおすすめ。注意点は、肌を擦らないように、軽くひと擦りしたあとは1分ほど放置。その後、ぬるま湯でやさしく洗い流すと一気に肌の透明感が上がりますね。天然素材の由来のスクラブで、肌にやさしいのでおすすめです」。REVI セルフ ゴマージュ 120g ¥10780／銀座ROSSO 左・「顔以外にも、裏技的な使い方で足裏に塗ると、アーシング（素足で大地に触れる健康法）しているみたいにかなりスッキリ！」。アルジタル グリーンクレイペースト 250ml ¥4070／石澤研究所

015
ずっと飲んでる「サプリ」と「酵素」

体内の悪いものは排出し、いいものを入れて循環させるためにサプリを取り入れています。もう何年も飲んでいる「センズマグマミネラル」は、**野草や海藻などの植物のミネラルがとてもパワフル！** 体内の酸化を抑える働きも。

〝腸活〟として酵素を取り入れることも習慣にしています。腸内環境をしっかり整えて、消化を促すために「be my flora」の酵素を、朝昼夜の食事の前に必ず飲むように。どちらもずっと飲んでいるのですが、中断すると身体に毒素や不純物が溜まっている感覚があって、調子が悪くなるのを実感しますね。

〝飲む美容液〟として、外出時間が長くなりそうな日の朝に飲んでいるのは「アクティブメロン」。ずっと通っているエステ「リリーオン」が何年もかけて開発したもので、**過剰な活性酸素を除去しつつ**、紫外線ダメージも軽減してくれます。

［愛用のサプリ］
NOMUKA ENHANCE
細胞の「サビ」からくる老化に注目した、体内の抗酸化酵素のはたらきをサポートするエイジングケアサプリ。二日酔い対策にも。

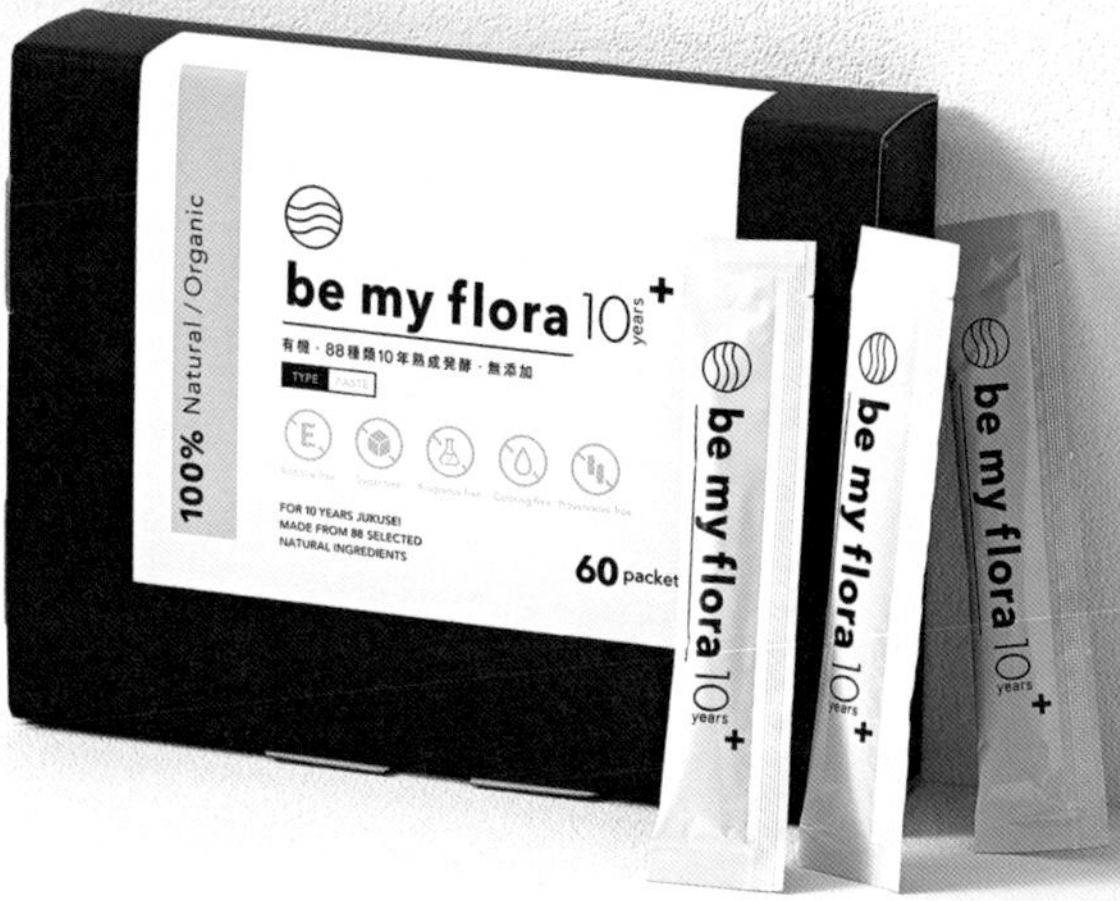

原液100%のフルーツや野菜などが凝縮された酵素ペースト。白砂糖、保存料、香料などは一切不使用。be my flora 10年熟成酵素+ 10g 60包 ￥19500 ／ REBEAUTY

右・南フランス産のメロン由来の抗酸化酵素「メロングリソディン」を配合。抗酸化×抗糖化で、肌細胞の修復能力をサポート。アクティブメロン 90粒 ￥16200 ／レミル　左・50種類の野生植物を特許製法でマグマ化。抗酸化を促す。センズマグマミネラル 50g（165粒）￥16200 ／ ALCHEMIST

016 ほうれい線が復活！　でも大丈夫

消えたはずのほうれい線が再び現れることもあります。生きていると日々いろいろあって、寝ている間にストレスで歯を食いしばっていたり、緊張感でコリの症状が出て、「うわ～、また出てきたよ……」と。

でも大丈夫。今までの経験で、**ほうれい線もちょっとほぐすだけで薄くなるので、いちいち惑わされないでいただきたい。**以前、韓国でピラティスに行ったとき、韓国女優やアイドルが実践している小顔になれるピラティス・ポーズを体験しました。**片手を反対側の側頭部にのせて、顔を横に倒し、目線は斜め上を意識しながら顎先を少し上げて。**これだけで顔のむくみも取れて、リフトアップ！　ほうれい線も薄くなっていきます。私は1回で効果を感じたので、ぜひ実践してみてください。

017

美容は長期戦で！　一喜一憂しないこと

ストレスや疲れが溜まると、目の下のクマがすごいことになったり、肌がくすんだりごわついたり、シワが出たりしますよね。なぜか普段使っている化粧品が急に合わなくなって、肌にウヮーッとブツブツができたり……。これだけ美容をやっていても、悲しいけれどそんなときがあります。

大切なのは、そこで一喜一憂しないこと。**肌トラブルは不定期に起こってしまうものだし、美しさは長い時間をかけてつくり上げていくもの。**今までの経験から、そのときの状態に合ったケアに変えていくことで、気持ちを切り替えることができるようになりました。

美容は長期戦なので、ゆるやかに調子が上がったり、ときに後退することもある。それを心得ているだけで、少しは楽になれると思うんです。

018

「育毛・やせ髪・アホ毛ケア」ならこれ!

今、日本人女性の人口の約45%が55歳以上なんだそうです。でもエイジングケア用のコスメはたくさんあるのに、髪の若返りを意識したヘアケアアイテムはそれほど多くないのが現実。顔がピカピカ肌でも、髪がバサバサだと逆に老けて見えます。

結局、**人の印象を決めるのって顔の造形より肌と髪。**年を重ねると、**頭皮の毛穴の詰まりや血行の悪化が、白髪、うねり、抜け毛、謎のアホ毛など、あらゆるダメージの要因に**なります。若い頃と同じケアでは、残念ながらキープできない。

顔のケアと同様に、ベースの頭皮からケアすることが大切。シャンプーの後「REHOME スカルプローション」をマッサージするように頭皮になじませて、コシのある毛髪が生えてくるようにベースを整え、「リケラミスト」でパサつきを補修してドライヤーを。髪も肌同様、やれば変わるので、ぜひ試してもらいたいです。

右・ダメージを補修するAEDSケラチン、ゴールデンシルクが、細くなったやせ髪に効果的。リケラミスト 200ml ￥3740／リトル・サイエンティスト　左・頭皮のケアから発毛サイクルに有効な「ヒト幹細胞培養液」をはじめ、髪育にマスト な6種類の有効成分を配合。REHOME スカルプローション 80ml ￥18150／REBEAUTY

「髪を1本1本キャッチして、自在にまとめる小回りの利くマスカラタイプのスタイリング剤」。OSAJI ポイント セット ヘア スティック￥2200

019
大人のうるツヤ髪をつくる「高保湿シャンプー」

以前は、寝起きのようなくせ毛っぽいニュアンスヘアもしっくりきていましたが、35歳を過ぎたぐらいから、「ニュアンス」がただの「バサバサ」に(笑)。バサバサの髪の毛は、その人の印象をかなり下げてしまうと思うんです。肌のケアをしている分、髪とのギャップで余計に老けて見えてしまうのが現実。**実は髪型って、自分のマインドに対してもかなり影響が大きい。**アホ毛がバーッとかなっていると、自分でも気になって何かしっくりこないし、周りに対して必死さを感じさせてしまうことも。

私が日頃から愛用しているシャンプー、トリートメントも、肌同様にエイジングケアの美容液成分が入った保湿力の高いアイテムを選んでいます。

大人のツヤ髪で、手をかけた清潔感を演出すれば印象も必ず上がります。

右から・スキンケア発想で厳選した6種の美容液成分を配合。濃密処方でわずかなダメージも集中補修。フィーノ プレミアムタッチ 濃厚美容液ヘアマスク 230g　オープン価格／ファイントゥデイ　保湿成分のモイスチャースパイスセラム配合。地肌から本格的にケアできるエイジングケアライン。BOTANIST ルース ボタニカルスカルプセラムトリートメント ストレート 490g ¥1760、同 シャンプー ストレート 490ml ¥1760／I－ne

020 幸福なツヤ感をまとう今のベースメイク

人の印象を左右するのが、肌づくり。皆さん、トレンドのアイシャドウやリップメイクに目がいきがちなんですけど、そのときの肌がマットで厚塗りだったら、残念ながら古い印象になってしまうんですよね。

今ならナチュラルっぽいツヤ肌がトレンド。**ツヤがありすぎたり、水分が抜けたようなマット肌だと、圧が強い印象に見えてしまうこともある**ので、40代以上は注意！ 私はTPOに合わせて、ファンデーションを変えています。今、愛用中なのは、まさに大人肌にナチュラルなツヤ感を演出してくれるもの。肌のツヤ感を更新するだけで、親しみやすいヘルシーな雰囲気をまとえるはずです。つくりこみすぎていない幸せそうな肌のツヤ感が、仕事でもプライベートでも人を惹きつけます。

1.右・「ファンデの下に仕込んでトーンアップに。お直しでツヤも出せる優れもの」。アディクション スキンケアUV タッチアップ クッション SPF45 PA+++ 001 ￥5830（セット価格）左・「友達とカフェでコーヒーを飲むときなど、ゆるいオフの日の肌づくりには、このスティック美容液を愛用。SPF50も心強い。かなりツヤも出て保湿力も高い」。SKIND マジック 10 グロウ スティック SPF50 PA++++ ￥4260

2.右・「クッションファンデマニアの私の最近のヒット！　しっかりしたカバー力。今っぽいツヤ感で自然な仕上がりに」。エナモル ライトフィット ハーフグロウ クッションファンデーション SPF50+ PA++++ ￥3890／Dcyua　左・「素顔っぽい感じなんだけど、実はカバーされていて華やかさもある肌に。ちょっと戦闘力を上げたい、オンなモードのときに」。SHISEIDO エッセンス スキングロウ ファンデーション SPF30 PA+++ 30ml ￥7590

1

2

021 気持ちをオンにする、大人のアイメイク

大人のアイメイクは、目を伏せたときが勝負だと思うんです。ドキッとする目元を演出するのに味方となるのが「SUQQU」の目元用プライマー。まぶたに仕込んでおくと、驚くほどアイシャドウがヨレずに、発色よくなじんでキープします。また目の存在感を引き立てるためにも、アイラインはマスト。愛用しているのは韓国で購入した「WAKEMAKE」のリキッドアイライナーのブラウン。大人になると黒のアイラインを引くとキツく見えがちなので、ブラウンやネイビーがおすすめ。黒目のまん中くらいから目幅より少し長め&上げるようにラインを仕込むと、やわらかいけど主張のあるまなざしに。日々、仕事やプライベートでいろいろある中で、アイメイクをすると気持ちもオンになり、アクティブな方向にスウィッチングしてくれる気がします。

右・「ムラになりにくく、やわらかいテクスチャー」SUQQU アイ エンハンシング プライマー ¥3850　左・「韓国で購入した落ちないアイライナー」。WAKEMAKE リアルアッシュブラシアイライナー アッシュブラウン（日本未発売）／私物

022
「艶マルチスティック」が叶える、幸福感と立体感

顔の中に「艶」が存在すると、乙女ゴコロが浮き立ち、小さな幸福感みたいなものを感じませんか。私が愛用しているのは「バイユア」の〝艶マルチスティック〟。ハイライトだけでなく、アイシャドウ、チーク、リップクリームとしても、マルチに使えて便利です。年齢を重ねると、日々体調によって顔色が変わり、肌ツヤや顔の立体感がなくなってきますよね。このスティックは頬骨のあたりに、ちょんちょんとのせるだけで立体的で美しい輝きが出るんです。目頭にのせれば、光が集まってとても印象的。目のホリが一段深まったように見えます。いつものリップの中心部分に重ねると立体的に！　ディナーのときには上まぶたにのせて、伏し目になったときにキラッとさせたり。シチュエーションに応じて、自分の表情を豊かに変えてくれるアイテムです。

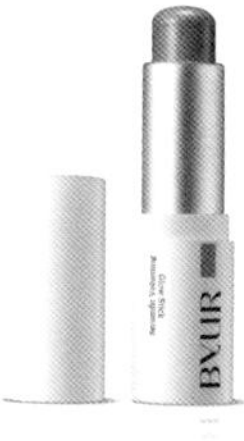

「自分が引き立たせたい場所にピンポイントでのせるだけで簡単に立体感が出せて、一気に印象が変わります」。ほんのり血色を感じるウォームコーラル。バイユア　セラムフィット ボリューミング グロースティック 01 メロウ ￥2090／Hamee

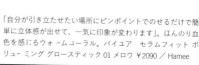

「テクニックレスでどんな人でも失敗しない！　自然で品のあるツヤを仕込みつつ、自分の血色を演出できる万能チーク」。右・ナチュラルな血色肌になるモーヴピンク。NARS アフターグロー リキッドブラッシュ 02800、左・肌の透明感を底上げするソフトライラック。同 02802 各￥4840

023
自分に自信がない日は「チーク」を重視

自分に自信がない日に、メイクを1ヵ所だけするとしたら、皆さんはどのパーツにしますか？　以前の私は、リップを挙げていたのですが、最近はチークにフォーカス。**大人になってくると、顔の表情が乏しくなり、**「あの人、怖い」とか「元気がない」という印象になってしまうことも。そんなとき、一瞬で印象を変えられるのがチーク。

チークが苦手な人にもおすすめなのが、ナーズのリキッドブラッシュ。めちゃくちゃ薄づきで肌なじみも抜群。**夕方になると、肌がマットになって疲れて見えてしまうので、リキッドチークでツヤを仕込んでおくのが大事。**肌の透明感を爆上げしてくれる、青み系ソフトトライラックは、頬より少し高めにオン。モーヴピンクをファンデの前に仕込んでおくと、抜け感のある〝リアルな血色感〟を演出できます。

024 夜のスキンケアで仕込む、翌朝のツヤ肌

夜は寝ている間に肌の水分が蒸発してしまうので、基本的に保湿力が高いものを選んでいます。シートマスクは、朝のスキンケアとは違うタイプを。より保湿力の高い、ルルルンの赤のタイプを愛用しています。

エスティ ローダーの美容液「アドバンス ナイト リペア」は、**肌の中に美容液が浸透して潤いを閉じ込めてくれる**んです。テクスチャー的にはサラッとしているのですが、翌朝起きたときに、肌がかなり潤っているので幸せ感を得られます。

最後は、韓国ブランドの「エルツティン」のシルククリーム。**本当にめちゃくちゃ保湿力があって、肌が不調なときにも使えるレスキュー的な存在**。乾燥がひどいときや、日焼けをしたとき、メイクを落とさずにうっかり寝てしまったときに使っても、肌の状態をよい方向に。今の肌をベストに導いてくれるクリームです。

右から・夜間美容のパイオニア。ふっくらとハリのある肌に。エスティローダー アドバンス ナイト リペア SMRコンプレックス 30ml ￥12100 古い角質を取り除き、肌のゴワつきを和らげる濃密保湿マスク。ルルルンプレシャス RED（モイスト）32枚 ￥1870 ／ Dr.ルルルン　敏感肌にも使えるマイルドな処方。エルツティン シルククリーム 50g ￥6094 「洗い上がりの保湿力がとても高い。夜のスキンケアの前に、すでに潤っているのが嬉しい」。オバジX フレームリフトムースウォッシュ 150g ￥3300 「香り、テクスチャーがよい。このオイルを塗ると朝起きたときに乾燥していない」。OSAJI エンリッチバイオオイル 30ml ￥4620

025

劣化が怖いというあなたへ

劣化に恐怖心を持つ人って、「劣化」という言葉に振り回されていると思うんです。かつての私がそうだったように。可能性を摘むのも広げるのも、結局自分。

毎日散歩をしたり、手頃なシートマスクで保湿をしたり。今の世の中、お金をかけなくても情報はいくらでも摑むことができるし、自分ができることを選んで行動に移せたら、必ずある程度の結果がついてきます。〝劣化おばさん〟に、自分を設定するのはよくない！　誰もが同じ時間を重ねていく中で、あなたは何を選び、その過程をどう楽しめるか？　本当にこれは、自分次第なんです。新しいものに目を向けないことが一番の劣化につながる可能性があります。私が目指しているのは、キレイなクラシックカー。古いけど丁寧に磨かれて、こまめに手入れされてきたような。新車よりも味があって、だけどピカピカ。そんな女性が理想です。

1

©REX／アフロ

2

©ロイター／アフロ

1.「加齢＝劣化ではないということを体現している、俳優のモニカ・ベルッチが私のビューティアイコン。年を重ねるほど魅力を増す女性に魅かれます。彼女のシワさえも、美しく朽ちている色気を感じます。整形しすぎない美のリファレンスにも」

2.「ソフィア・ローレンは、映画の授賞式を見たとき、頭のてっぺんから足の爪先まで完璧にケアされていて、自然に年を重ねつつ、しっかりと手をかけている感じが圧倒的でした」

MIND OVER BODY, BODY OVER MIND.

身体へのアプローチで心が変わる

3

心と身体はつながってるんです。
身体を動かしたり労ったりすると
心が上向く。
意思の力じゃなくて
身体を動かすことで
心をケアするんですよ。
30秒でもいいからやってみて！

026

身体を動かすことで気づく、心のモヤモヤ

日常に追われて、自分の外側の情報ばかりに意識を向けすぎていると、「身体のどこが痛いか」「今、何を食べたいか」分からなくなってしまいます。そのように、なんとなく**身体がよどんだまま、心がくすんだまま放っておくと、気づけば心身が不調になってしまうことも**。

私がやっているのは、日々、身体を動かしてほぐすことです。どこが痛くて、硬いのか。自分の痛い部分、硬い部分を知ると、そこにアプローチできる。毎日やっていると、身体のちょっとした不具合に気づけるようにもなります。心と身体はつながっているので、心の痛みやモヤモヤに気づくことにもなります。**自分の身体と日々向き合うことで、自分の感情や思考とも向き合える**んです。不具合を感じても、その都度対処すれば大丈夫。まず自分を把握することが何より大切です！

027
不安とイライラは、「背中」を動かして和らげる

「イラッときた」「なんとなくだるい」「なんか行きたくないな」って**ネガティブな感情が出たときは、背中を大きく20回くらいぐるぐる回します**。背骨のまわりに自律神経が通っているので、背中をほぐすことで、不安や緊張などのストレスが和らぐ感じに。個人的に、本当に心が痛いときは、物理的に胸が痛くなる。しかもその痛みは、何かあったときの数日後、もしくは数ヵ月後にやってくることも。自分では乗り越えたつもりでも、痛みとして出てくるのに時差があったりするんですよね。

そこを理解しつつ、背中をストレッチポールでほぐしたり、心臓のまわりをマッサージすると、すごくリラックスできる。**おすすめはバルセロナ在住のNORIKOさんがユーチューブで発信している、背中にフォーカスした26分ストレッチ**。バルセロナのキラキラした雰囲気を感じながら、ぜひ身体を動かしてみてください。

［おすすめのYouTube］
NOBI by NORIKO
「［自律神経を整えるエクササイズ。鍵は背骨］という動画で心も身体もほぐしています」

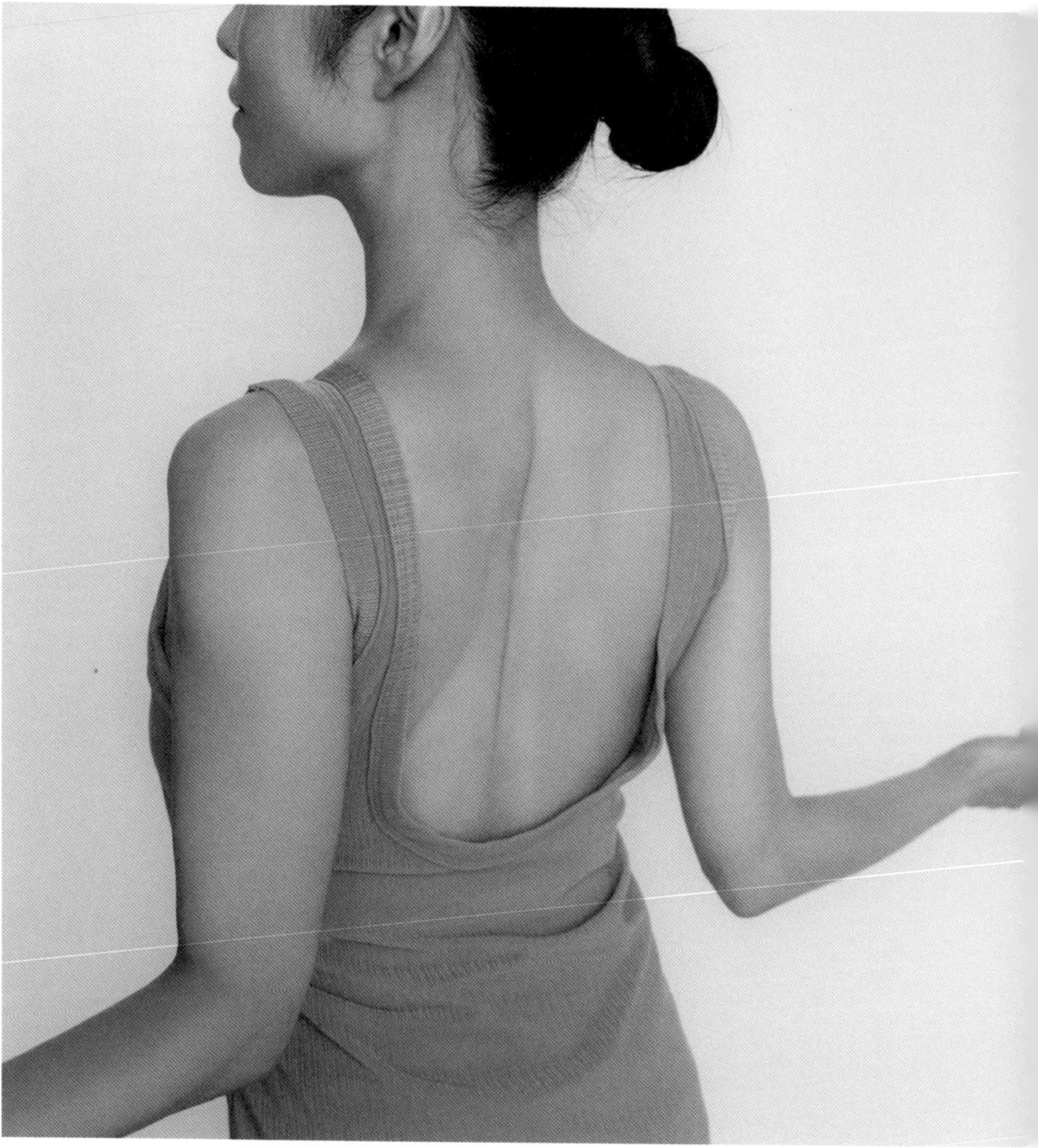

028

悲しいときは身体を温めて

ネガティブなことを考えるときって、だいたい身体が冷えているんですよね。何もなくても身体が冷えて固まっていると、ネガティブな考えがどんどん浮かんで止まらなくなることも。そんなときは**物理的に身体を温めると「あれ？　意外と大丈夫かも？」と、心が少し前向きに**なります。「100辛いと思っていたけど、60くらいだった」とか、心の負担がMAXから少し軽くなるような。身体へのアプローチで自分の心の状態が変わっていく。本当に心と身体はつながっているなと感じます。

私が特に温めるのは冷えやすいお腹。小さい電気マットや、ネロリハーブの「ラベンダーまくら」をお腹にのせて、とにかくのんびりしながら、バラエティ番組を見て笑うのもおすすめ。悲しいときはダーッと汗をかくより、お風呂でじんわり身体を温めて。ハーブティーを飲んで内臓を温めると、心がときほぐれていきます。

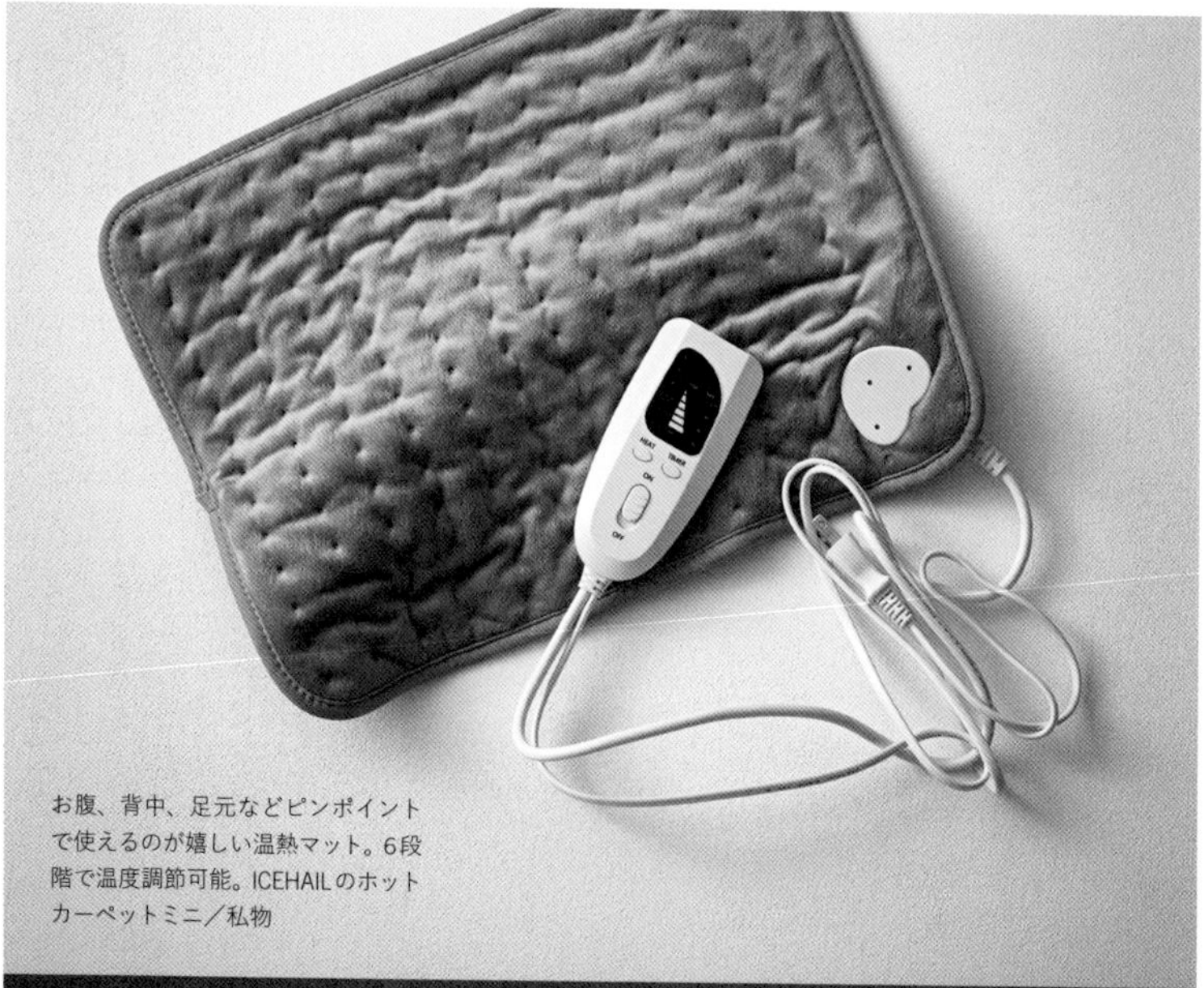

お腹、背中、足元などピンポイントで使えるのが嬉しい温熱マット。6段階で温度調節可能。ICEHAILのホットカーペットミニ／私物

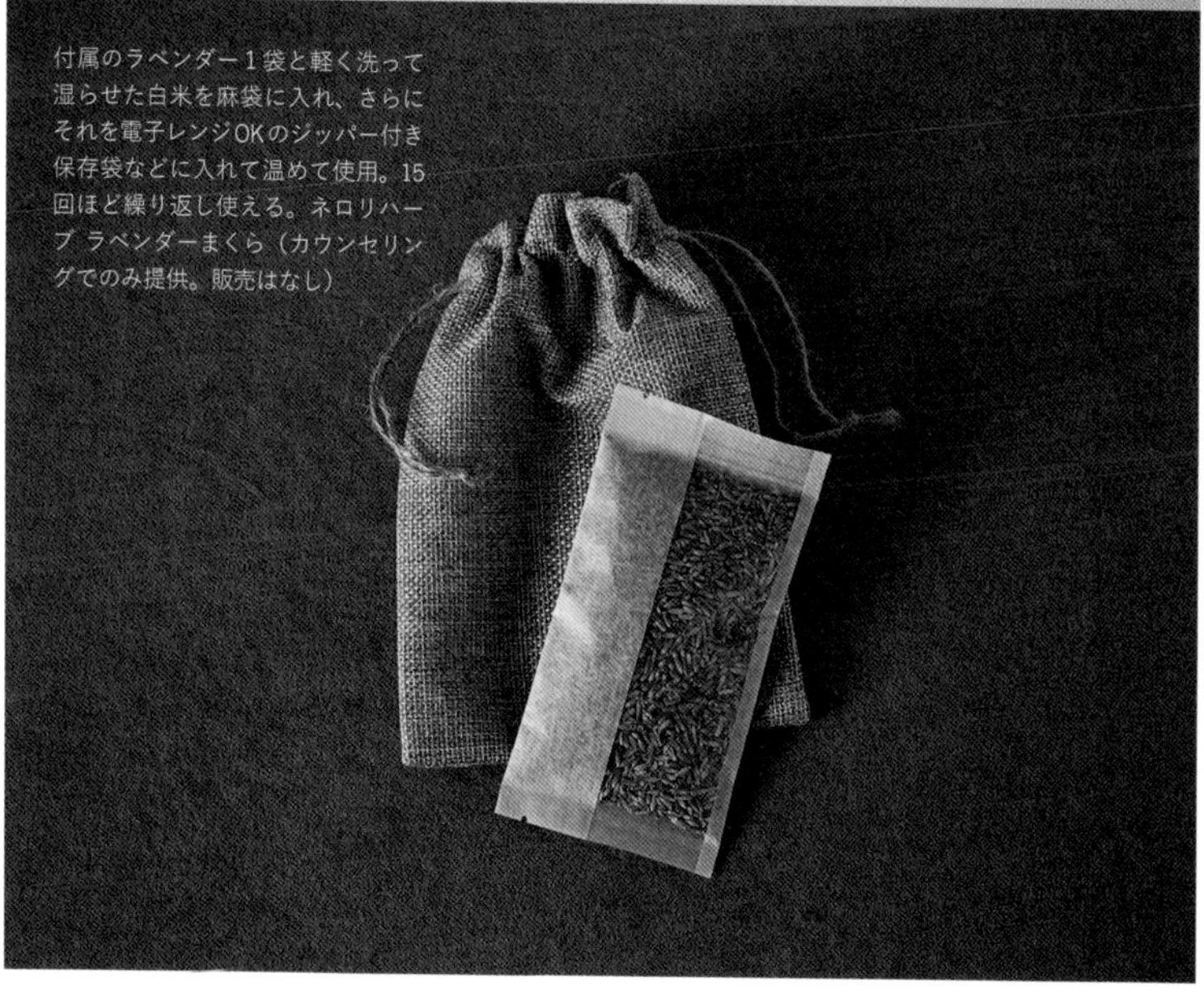

付属のラベンダー1袋と軽く洗って湿らせた白米を麻袋に入れ、さらにそれを電子レンジOKのジッパー付き保存袋などに入れて温めて使用。15回ほど繰り返し使える。ネロリハーブ ラベンダーまくら（カウンセリングでのみ提供。販売はなし）

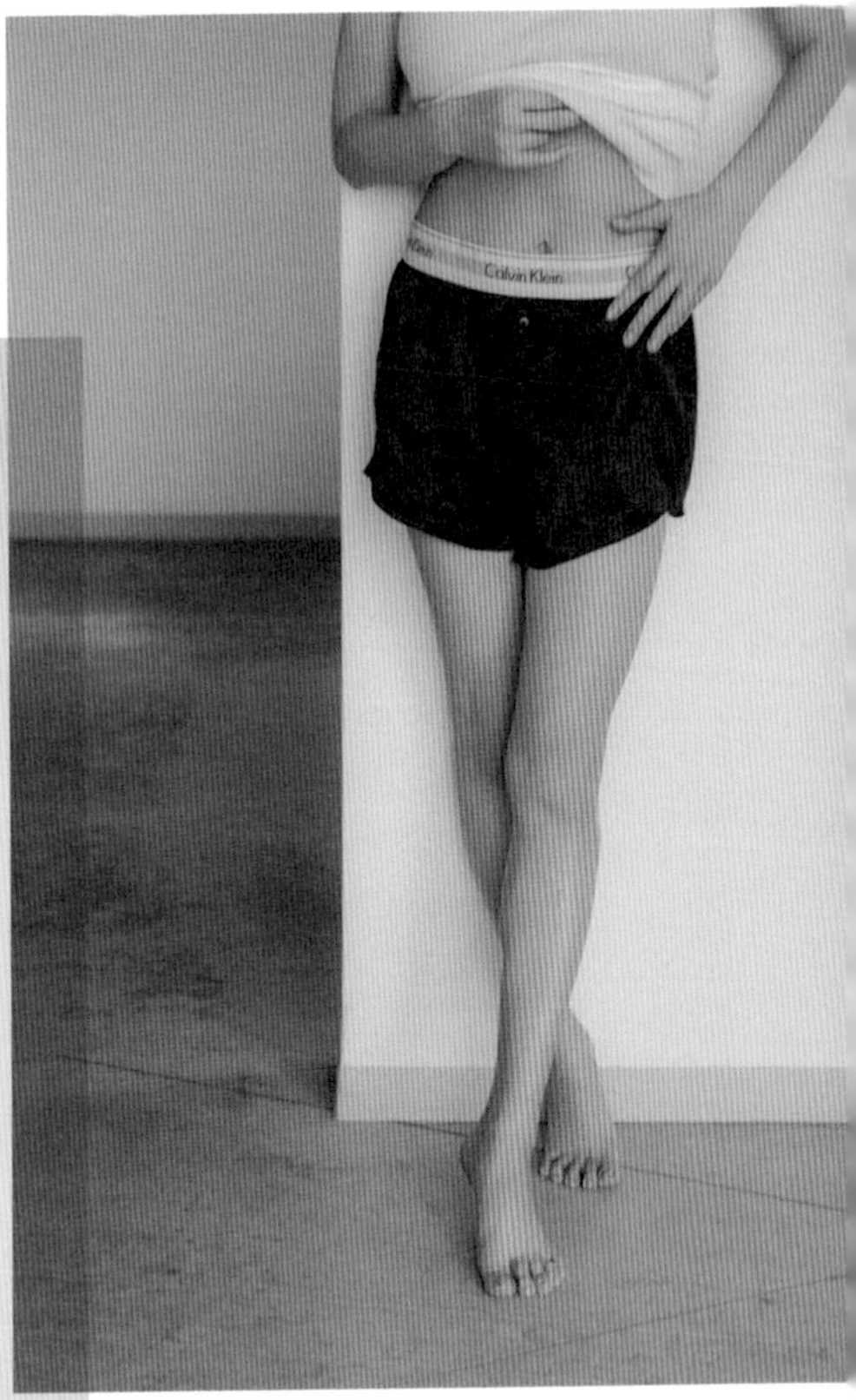
Calvin Klein

Calvin Klein

029

身体を鍛えると1ヵ月で性格が変わる⁉

実はこの本の撮影に向けて、肉体改造すべく運動のやり方を変えたんです。それまで週3で運動はしていたのですが、カイロプラクティックの先生に「全然筋肉なくて、実はブヨブヨだよね」と言われたのがショックで‼ 運動をしていても1ヵ所に負荷がかかって、身体の全部が使えていないとアドバイスをもらい、目からウロコ。そこから運動のギアを一段上げて、撮影まで毎日しようと決めたんです。

その時期は特に忙しくて、ジムに行けなかったので、初の試みで**ユーチューブを見ながら、今日は肩、今日は背中とパーツ別に小分けに運動。**すると、1ヵ月で身体がかなり変化して、自分でもびっくり！ スキマ時間に肩を回したり、スクワットを数回するだけで十分。その積み重ねで身体も心も鍛えられていく感覚があって、気がついたら心も前向きに。**身体を鍛えると性格も変わるかも⁉** と実感しました。

［おすすめのYouTube］
ひなちゃんねる/Hinata Kato
「キツイお腹やせプランクもひなちゃんの声と一緒だと頑張れちゃいます」

［おすすめのYouTube］
B-life
「14日間、28日間などカレンダープログラムで目標日に向かってトレーニングできます」

030
「浄化スクラブ」で頭をクールダウン

日々やることに追われ、自分ではセーブできないくらいの思考スピードで頭がカーッとなることはありませんか？　そんなときにおすすめなのがサボンのヘッドスクラブ！　死海の塩が入っているスクラブで、個人的に「浄化スクラブ」と呼んでいます。**ヒートアップした頭の熱をじゅわ～っと下げてくれる感じがして、すごく落ち着くんです。**もう頭から湯気が出ているんじゃないかっていうくらい（笑）。

私は心を落ち着かせてくれるラベンダーを愛用。頭皮をスクラブで揉み込んでいくと、すごく泡が出るんです。マロアのスカルプケアブラシを使うと、ツボ押し効果も。週2回ケアすると頭の血行がめぐり、自律神経が整って、自分のマインドにもかなりいい影響が。泡が頭皮の汚れを吸着して、根こそぎ取ってくれるので、髪の状態も良くなっていきます。

右・「尖っているほうのブラシが頭皮にフィットして、泡立ちがよくなる！　朝のブラッシングには先端が丸いブラシ側を使用」。頭皮＆頭髪のブラッシングと頭皮のツボ押しができる２ＷＡＹブラシ。マロア スカルプケアブラシ ￥2310／me　左・「ヘッドスクラブしたあとに、シャンプーするととても泡立ちます」。ミネラル豊富な死海の塩にラベンダーのオーガニックエッセンシャルオイルを配合。乾燥が気になる頭皮をケア。SABON ヘッドスクラブ リラクシング 300g ￥5390、同 ハートスプーン￥550

031
肌と心と身体は「質のよい睡眠」でリセット！

肌と心と身体の修復は、寝ているときにしか行われないそうです。だから質のよい睡眠は本当に大切です。そして**上質な睡眠をとるために重要なのは、身体をしっかり温めてからじわじわ体温を下げていくこと。**まず、その日にやることを終わらせてからお風呂に入り、ちょっと怖いですが（笑）、キャンドルだけを点けてバスルームのライトを全部消します。夜なんだよ！　という信号を身体と脳に感じさせ、オフモードに向けるんです。私たちは、とにかく明るい環境にいすぎ！　スマホも明るいし、照明はどこでもついている。それが神経が尖る要因のひとつ。

入浴後は、身体を冷やさないようにすぐドライヤーで髪を乾かし、温かいお茶を飲んでから、ベッドに入る。そこから少しずつ体温が下がって、眠気が出てくるタイミングでスッと眠れると、睡眠の質がまったく変わってきます。

［おすすめのサプリ］
CBDプランのCBDパウダー
「質のよい睡眠のためのパウダ－サプリ。
朝までぐっすり眠れて、心と身体の回復感を感じるようになりました」

032
ぐっすり眠るコツは「光と音をシャットアウト」

幸い、「眠れない」ということはあまりないのですが、眠りがちょっと浅いと感じるときには、真っ暗にして目と耳を意識して温めるようにしています。韓国の韓方医の方から「目を温めると自律神経がものすごく整うよ」と聞いてから、移動中の車などで仮眠するときにも、「めぐりズム」を使っています。めちゃくちゃ睡眠を誘導してくれるんですよ。現代人は目を酷使し、一日中エンドレスで情報をキャッチしてしまいがち。私は最近、夕方に仮眠するときもアイピローと耳栓を愛用中。**無音にして暗闇の中で寝ると、ものすごく身体がオフるんです。**光と音をシャットアウトして眠ると疲れが取れて、体力の回復度合いが全然違う！　夜はもちろん、リセット効果の高い昼寝のときにこそ活用してほしいですね。

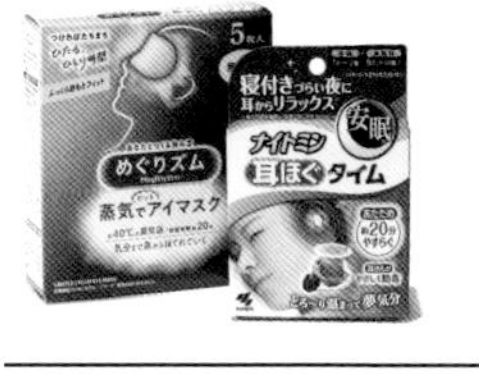

左・新素材を採用し改良。つけた瞬間のふっくら感が約2倍に！　めぐりズム 蒸気でホットアイマスク 無香料 5枚入り ￥522（編集部調べ）／花王　右・耳栓が防音しつつ、温める。小林製薬 ナイトミン 耳ほぐタイム〈本体1セット・発熱体5セット〉￥767（編集部調べ）

ROUTINE

深い眠りに誘う睡眠ルーティン

Step 1

浴室の電気を消してキャンドルを点けて入浴

↓

Step 2

ネロリハーブのハーブティー
「おやすみブレンド」を飲む

↓

Step 3

寝室にネロリハーブの「スイッチミスト」をシュッ！

↓

Step 4

THERAの火を使わないお灸を首や肩に

↓

Step 5

ベッドに入ってからハンドケア

↓

Step 6

柔らかい枕とフェイスピローを使い
部屋を真っ暗にして入眠

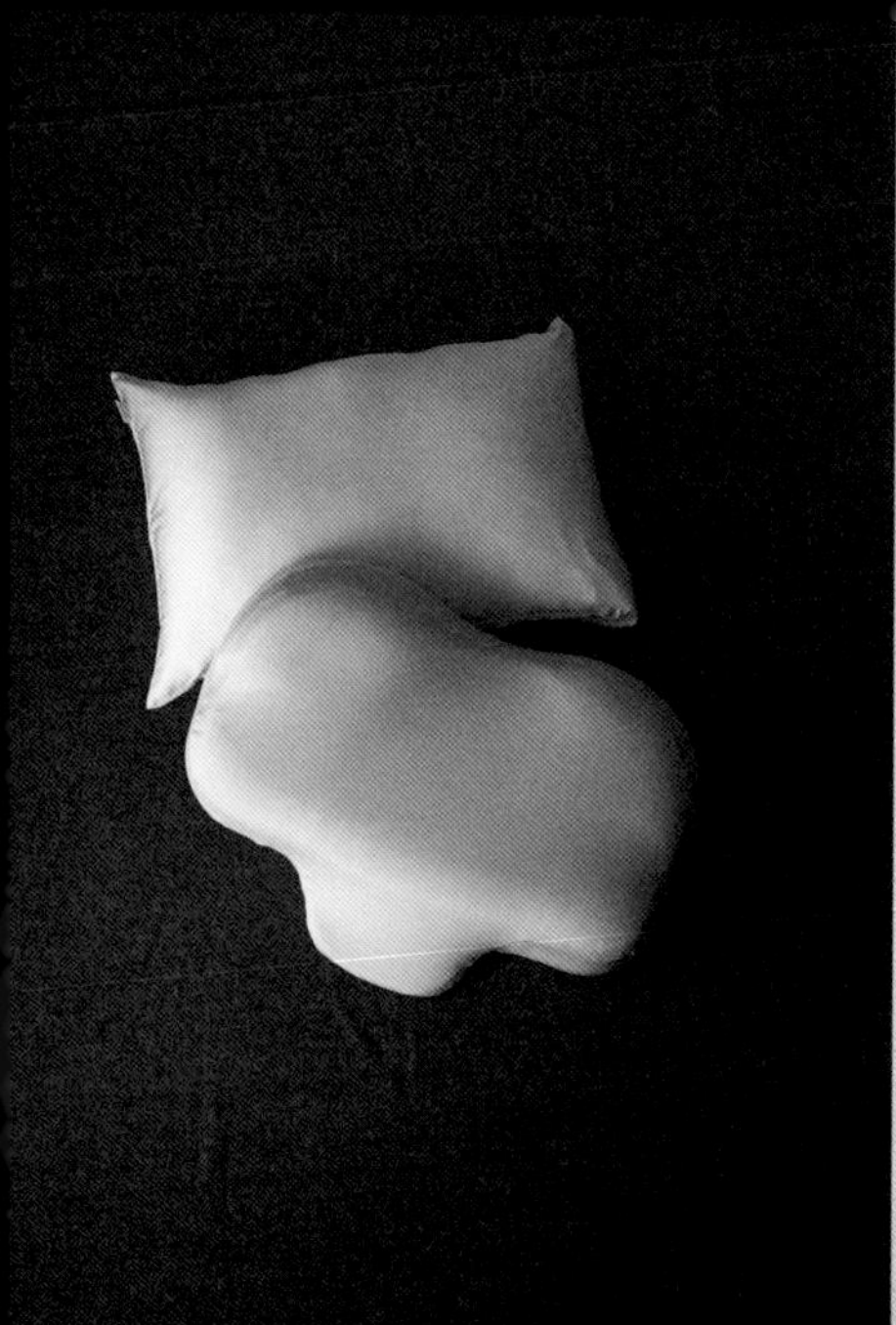

2

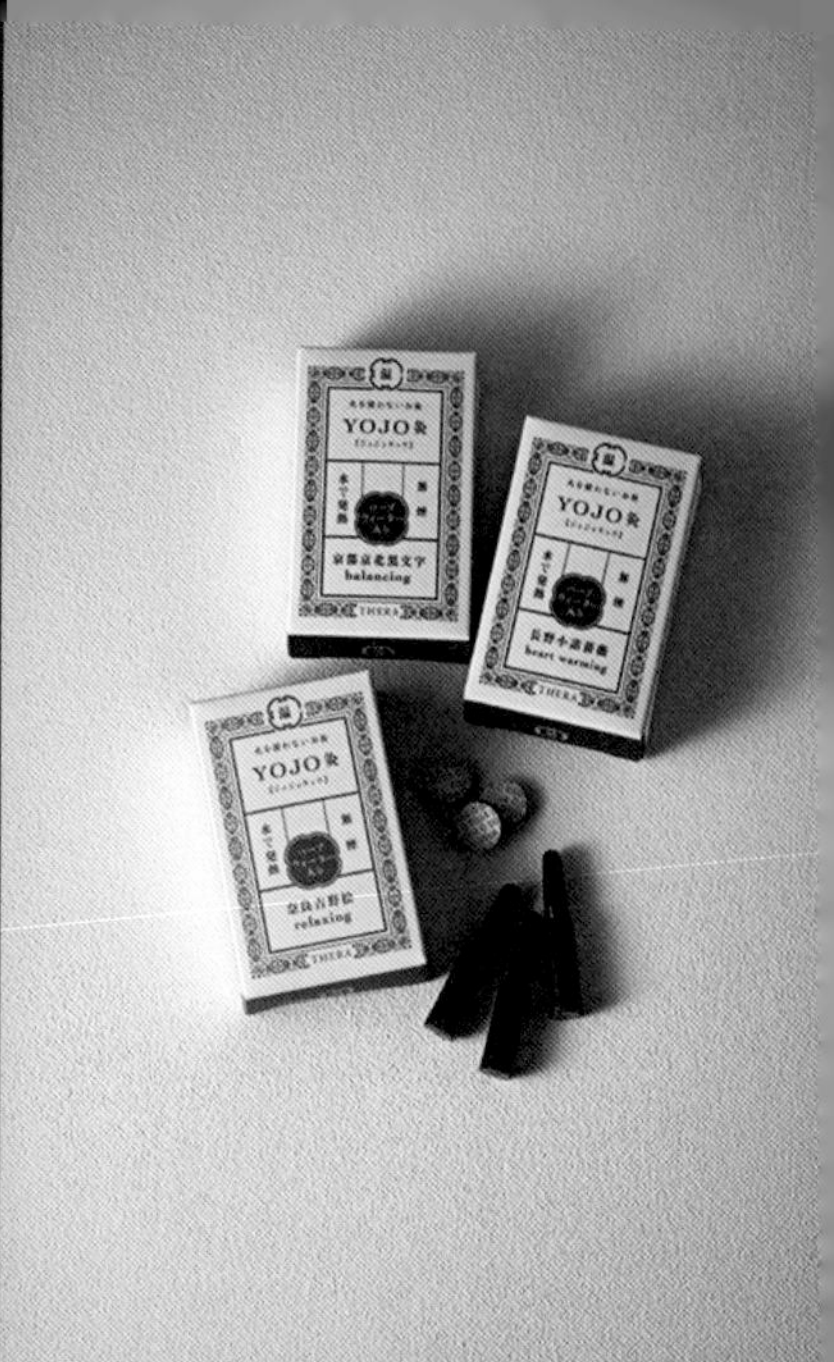

1

1. 火を使わないお灸＋アロマ。「入浴前後のお灸はとにかく身体がゆるみます」。上から・THERA YOJO灸（ジョジョキュウ）京都京北黒文字、同 長野小諸薔薇、同 奈良吉野桧　12個入り 各 ￥1800 ／ ALHAMBRA

2. 手前・「ちょうどいい高さの枕で、首のシワ予防にも。ユニークな形で首にフィット」。ニューミン 頬にやさしい美容まくら ￥22000、奥・「カバーは着る美容液といわれるシルクを愛用」。同 モイスチャータッチピローカバー（シルクサテン） ￥8250 ／ nishikawa

3. 右・13種の精油をブレンド。寝る前やリラックスしたいときに空間などにミスト。ネロリハーブ スイッチミスト オフ ￥3300　左・酷使した目をクールダウンさせたいときに。ハーモニティ フェイスピロー ￥9680

3

033
究極に心と身体が疲れたら「自宅で湯治」

休日があると、つい出かけたくなるのですが、たまに心と身体を本当に休ませることが大切だと思います。効果的なのがお風呂。温泉に行ったとき、一日3〜4回入浴すると、身体が芯からほぐれて、〝あ〜幸せだな〜〟ってなっていきますよね。あれを**疲れが限界にきたときに自宅ですると、脳と身体がゆるみ、とんでもない回復力があるんです。**頭にスキマができると「私、あれやりたいな」「あそこに行きたいな」とか、自分の心がずっと叫び続けてきた想いが、ふと降ってくることも。

年に1〜2回は、家で湯治して、身体をゆるめる〝とにかくダラダラな一日〟をつくるのが、「究極のオフ」に。籠《こも》るという行為が、やっぱり自分と向き合うことにもなります。心と身体を完全に休ませてデトックスすることで、回復と同時に大きな変化のきっかけになる一日になるかもしれません。

1

1.「朝起きたら、白湯にレモンを搾ったものを飲むと、胃腸がスッキリします」

2.「入浴剤は温浴効果のあるものをセレクト。“身体が温まったな〜”と感じるまで、特に時間を決めずに入浴します」。右・8種類の生薬を配合。東大寺　薬湯（2包入り）、中・比叡山のヒノキと湧き水の成分を使用。HIEI バスソルト（約5回分）／ともに私物　左・生薬成分の効果で湯上がり後もぽかぽか。アユーラ 薬用ハーバルホットスパ（医薬部外品・薬用入浴剤）30g × 8包 ¥2200

2

ROUTINE

「自宅で湯治」のマイルーティン

Step 1

目覚ましなしで自然に目覚める

↓

Step 2

白湯にレモンを搾って飲む

↓

Step 3

季節のフルーツを食べたい量だけ食べる

↓

Step 4

少しダラダラしてから、自分のタイミングで入浴。
40度のお湯に、身体が温まったと感じるまで浸かる

↓

Step 5

ソファなどに横になって休憩。感動系のドラマや
映画を観て涙を流すとさらにデトックス。
白湯でしっかり水分補給して。保湿は美容液だけでＯＫ

↓

Step 6

一日に３〜４回入浴して心と身体をゆるめると
「こんなことやってみたい」「ここに行きたい」という
前向きな考えが降ってくることも！

「OSAJIのプレ美容液は、香りとさらりとしたテクスチャーがよい」。優雅なゼラニウムとダマスクローズの香り。OSAJI エンリッチバイオセラム 30ml ¥5170

034
イライラ、寂しい……感情別に「ハーブを飲む」

実は去年、毎日身体がだるく、原因不明の体調不良の時期があり、めちゃくちゃ不安な感情に襲われたことがありました。そんなとき、ピラティスの先生のおすすめでハーブティーを飲むようになってから、驚くほど体調が回復したんです。不安のどん底にいるときも、ハーブティーを淹れて飲むと心と身体が温まり、一瞬でもほっとする自分がいました。私は「ネロリハーブ」を主宰する植物療法士の菅原あゆみさんにカウンセリングをしてもらって、体質に合わせて調合してもらったハーブを飲んでいます。最近ではマイボトルにハーブティーを入れて、仕事先などにも持ち歩いて飲むのが習慣に。**お腹が張ったときは、ペパーミントを飲んだり。**夜寝る前は、お酒とハーブでできた抽出液の「チンキ」を飲むと、ぐっすり深く眠れるようになりました。植物のパワフルな力に日々本当に救われています。

【感情別に飲む3つのハーブティー】

カウンセリングなしで購入できる、ネロリハーブのフルーツ＆フラワーティー。右・美肌効果とリラックス効果のあるスイートなオレンジのハーブティー。忙しかった日の夜や、物事がなかなか上手くいかず、イライラした日の就寝前に。ネロリハーブ　デザートフラワー オレンジ＆ジャスミン、中・女性特有の悩みにフォーカスしたメディカルブレンド。甘いローズの香りとフルーティな味わい。イライラ、ザワザワした気分のときに。同 プライムクオリティ、左・マンゴーの甘い香りとカモミールのパワーで身体を温めて。寂しい、不安な気分のときに。同 マンゴー＆カモミール 各約10杯分(35g) ¥1870

RECIPE

自家製ハーブチンキで疲れとだるさを解消

植物はお湯に入れると水溶性の薬効しか出ませんが、お酒に漬けることによって、ハーブの全ての成分を抽出できるんです。これをハーブチンキと呼びます。お酒が苦手な人は、お酒でハーブの成分を抽出したあとに、お鍋に入れて火にかけてアルコール分をとばすのがおすすめ。そこにお砂糖を入れるとハーブシロップになります。フルーツハーブを白ワインや焼酎に漬けて、お酒として楽しんだり、炭酸で割ってもおいしいんです。ホットワインにすると、よりハーブとフルーツの香りを楽しめますよ。ハーブの力を取り入れながら、お酒でリラックスもできるので、日々の疲れや、身体のだるさを解消してくれます。ただし、ペパーミントは覚醒させる効果があるので、寝る前は避けてくださいね！

「ネロリハーブ」主宰・植物療法士
菅原あゆみさんのレシピ

【おいしいハーブチンキの作り方】

消化を促し、血糖値抑制の働きを持つので食後にベストなブレンド。夜、心の緊張をゆるめたいときに。ネロリハーブ　デザートフラワー　アップル&シナモン 約10杯分（35g）￥1870

HOW TO・・・白ワイン1本（750ml）に対して、ハーブ大さじ2を入れ、1時間ほど漬け込む。よりハーブの香りを楽しみたい人は、ハーブを入れたままでもOK。

幸福度や集中力を高める朝の食べ物とコーヒー

忙しい毎日の中、無理をして突っ走るように生きている方がすごく多いですよね。もっと自分の身体をお姫様のように大切に扱ってほしい。そのためにはまず朝食から。日中の幸福度とパフォーマンスを高める食べ物をぜひ知っておいてください！

コーヒーはタイミングが大事！

コーヒーを飲むなら、**朝起きてすぐではなく、9：30 ～ 11：00がおすすめ！** 目覚めをもたらすストレスホルモン「コルチゾール」の分泌は8：00～9：00をピークに低下してくるので、そのタイミングで飲むと効果的です。コルチゾールが多い時間帯にカフェインをとるとお互いの働きが抑えられ、覚醒効果も鈍ってしまうので、コルチゾールが落ちつく時間にカフェインをとるとよいと言われています。カフェインは、注意力や集中力を高めてくれるだけでなく、血流をよくして脂肪の燃焼を助けてくれます。ただ、たくさんコーヒーを飲むと、カフェインの利尿作用によって皮膚が水分不足になり、さらに肌の潤いに欠かせないマグネシウムも排出が促され、たるんだ“ブルドッグ顔”になってしまう恐れもあるから注意して。また、不安を感じやすい方はカフェインを控え、ノンカフェインを選んでください。

食事・栄養監修／一般社団法人ラブテリ

「ネロリハーブ」主宰・植物療法士
菅原あゆみさんのおすすめ

パフォーマンス爆上がりの
午前中用スペシャルコーヒー

2

1

ほっとする朝のはじまりは
あったかいトマトスープ

朝のカマンベールチーズで
“脳の栄養分”をサポート

3

1.【トマトジュース×豆乳のスープ】

トマトには、幸せホルモン「セロトニン」と似た働きをする「GABA」が多く含まれている。“飲む日焼け止め”と言われる「リコピン」の吸収率も朝がいちばん高い。豆乳を加えて、ミルキーな味わいに。

HOW TO・・・トマトジュース1：無調整豆乳1の割合で混ぜ、中火で温める。甘みや風味が欲しい場合はハチミツやココナッツオイルを適量プラス。

2.【コーヒー×玉露入り緑茶MIX】

コーヒーの倍以上のカフェインを含むのが玉露。コーヒー×玉露入り緑茶を飲めば集中力MAXに。ただ飲みすぎには注意して、ここぞというときの一杯に。

HOW TO・・・コーヒー1：玉露入り緑茶1の割合でブレンド。コーヒー感を強くしたい場合はコーヒーの割合を2に。有機コーヒーがベスト。

3.【カマンベールチーズ2ピース】

日中のパフォーマンスを高めたい朝にぜひとりたいのが、“脳の栄養分”と呼ばれるBDNFの血中濃度を高めてくれることが分かっているカマンベールチーズ。BDNFは記憶力などの脳の機能を高めてくれるだけでなく、うつ病予防も期待されています。

RECIPE

不安なときのおやつとドリンク

甘いものを食べると幸せを感じるのは、血糖値が上がることで分泌されるホルモンにより、“幸せホルモン”「セロトニン」の材料が脳に取り込まれやすくなるから。けれど、血糖値が急上昇すると血糖値を下げるために脂肪を身体に蓄える働きがあるインスリンホルモンが大量に分泌されます。そこでおすすめなのが高カカオチョコレート。血糖値の上昇がおだやかで太りにくいとされ、1ヵ月食べ続けることで、うつ病予防が期待されているBDNF（別名“脳の栄養分”）の血中濃度が高まることもわかっています。

高カカオチョコレートとナッツとの組み合わせは最強！なぜなら、ナッツ（特にクルミ）は「セロトニン」の材料になるトリプトファンを含むだけでなく、うつ予防や幸福度に関連していることが期待されているオメガ3脂肪酸も含んでいるから。さらに食物繊維を多く含むドライフルーツも一緒に食べることで、腸内環境を整える効果もあります。

ストレス緩和には“ラベンダーミルク”

夕方以降におすすめのドリンクはラベンダーミルク。心を落ち着かせ、ストレス緩和に効果的な「ラベンダー」と、トリプトファンを多く含み、睡眠の質を高める「牛乳」を組み合わせた、**まさに不安を取り去るためのドリンク！**　そのまま飲んでもおいしいですし、ゼラチンや寒天を加え、冷やし固めてラベンダーミルクプリンにするとスイーツとしても楽しめますよ。

食事・栄養監修／一般社団法人ラブテリ

「ネロリハーブ」主宰・植物療法士
菅原あゆみさんのおすすめ

イライラと不安に効く
おやつを持ち歩く

【ミックス・ナッツと高カカオチョコレート】

ミックス・ナッツと高カカオチョコレートを入れて持ち歩ける、自分のためのボックスをつくってみて。イライラしたり、不安になったときに食べると効果的。トリプトファンを多く含むナッツはカシューナッツ、ひまわりの種、アーモンド、クルミなど。食物繊維を含むドライフルーツも入れて腸内環境を整えて。

夕方〜夜の不安感を
和らげる優しいドリンク

【ラベンダーミルク】

HOW TO・・・牛乳300mlに対して、ラベンダー大さじ1を目安に中火で煮出す。ラベンダーの香りがミルクに抽出されると共に、キレイな薄紫色に。牛乳が苦手な人は豆乳かオーツミルクでも代用可。

035
むくむと心が重くなる

女性の身体はバイオリズムによって、むくみやすいときがありますよね。むくんでいると、身体がだるくなり、心まで重くなる経験は皆さんあるかと思います。

そんなときに効果的なのがSBCPの「生ミネラルミスト+」。オールインワン美容液で、顔になじませると〝ウソなんじゃないか?〟と思うくらい、**むくんでいたフェイスラインが上がってシュッと小顔に!** 脚やお腹になじませると、血行がよくなり、ポカポカしてむくみが一発で取れるので本当におすすめです。

全身が重だるいときはお風呂が一番! **知り合いの塩マニアの鍼灸師の方に教えてもらった「鳴門塩業 うず塩」をボウル1杯入れ、塩入浴します。**海に入った後のように全身のスッキリ具合が凄まじいし、肌がもちもちになります! 韓国で購入したむくみに効くというかぼちゃ茶も、かなりスッキリしますよ。

[塩入浴]
バスタブの材質、給湯設備などをお確かめのうえ実施してください。

希少成分の「フムスエキス（フルボ酸）」が、身体に溜まった不要なものを排出し、配合成分を角質層まで浸透。顎のラインやレッグラインを引き締めるオールインワン美容液。SBCP 生ミネラルミスト＋ 200ml ￥7370 ／ STEP BONE CUT

「韓国で人気のかぼちゃ茶。むくみを取るのに効果が絶大。韓国の人は整形後に飲んでむくみを取るそう」。LUV TEA（Qoo10でも購入可能）／私物

鳴門の海から採取した海水を使い、世界トップレベルの品質管理技術を誇る会社が製造。鳴門 うず塩 並塩 25kg（Amazonで購入）／私物

036
心を前向きにする「腸もみ」

お腹って、ある程度の年齢になったら痩せないと諦めていたんです。撮影前はほとんど食べず、お腹がキレイに見えるように絶食。そんな極端なダイエットで切り抜けてきたのですが、さすがに年齢的に頬もこけて健康的ではないなと。何かいい方法はないかと思っていたときに、たまたま出合ったのが「腸もみ」でした。

私が通っているサロン「Ｆｌａｎｎ．（フラン）」では、腸マッサージだけで30分ほど施術してくれるのですが、前からだけでなく、横から、後ろからと、横っ腹のちょっとつまめるくらいの部分まで、腰まわりの全方位から徹底的にゴリゴリと揉みほぐしてくれます。最初に体験したときは、本当にびっくりするくらい衝撃的な痛みを感じたのですが、施術後の爽快感といったら！　それが2～3回目から、痛みが変わり、お腹が柔らかくなってきて、お腹のラインがかなり変わったんです！

［**おすすめの腸もみサロン**］
Flann.
東京都世田谷区太子堂4-26-13 takekawaBLD 401
新規限定／腸マッサージ 60分・¥15000

（恥ずかしながら、私のビフォー&アフターの写真をご覧ください）

それぐらい、**お腹はむくんでいるんです。凝っているんです。凝り固まったお腹に、どんどん肉がついていくと、それは重だるくなりますよね。**

※「脳と腸は直結している」と言いますが、お腹が固まると、腰が痛くなるだけではなく、マインドも固くなる感じは実感としてもあるんですよね。腸を揉みほぐして柔らかくなることによって、どんどん心も柔らかくなっていくような。便通もよくなるし、**腸の働きを活発にしてくれるので、〝食べながら、きちんと排出できる身体づくり〟が叶います。**それが本来、人間として一番健康的で美しい！

身体を鍛えつつ、腸を揉みほぐしていくと、下っ腹の肉が取れるだけじゃなく、おへそが縦長に変わることで、くびれの位置が高く、脚が長く見える効果までついてくる！　お腹のラインは全身のバランスにも関わってくるので、本当に大事なケアなんですよね。それも「腸もみ」で調整可能なんです。

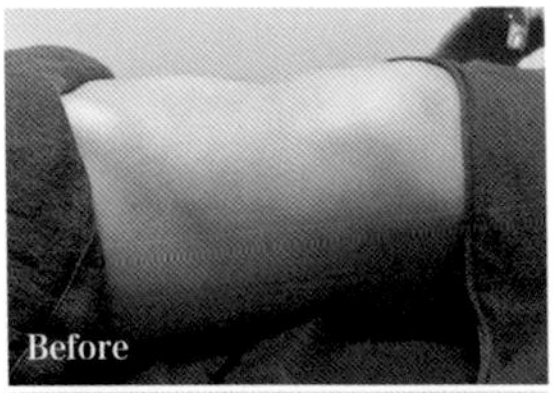

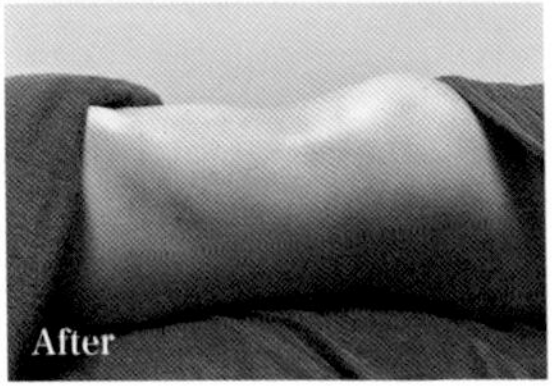

※脳腸相関
脳の状態が腸に影響を及ぼし、
逆に腸の状態も脳に影響を及ぼす現象のこと。

037
心と腸を守る「腹巻きパンツ」

女性の場合、ランジェリーを使い分ける方も多いと思うのですが、最近は〝腸を温める〟というのを一番の目的で選んでいます。デザイン重視のランジェリーは、以前に比べるとつける機会が少なくなりましたね。**腸は内臓の中でも冷えやすいと言われているので、こまめに水分を摂り、温めることが本当に大事**なんです。

私がリピート買いするほど惚れ込んでいるのが、スタイリスト百々千晴《どどちはる》さんのブランド「ザ シシクイ」の腹巻きパンツ。**お腹をすっぽり隠して、胸下くらいまで長さのあるデザイン。保温性にも優れていて、穿いていると本当に温かいんですよ！** それでいて可愛い色が多く、素材のよさとオシャレ感を兼ね備えているのが、まさに今の気分なんです。ファッション的にちらっと見えても気にならない、カジュアル感も好き。夏はタンガのデザインを選んで、一年を通して愛用中です。

ワッフル生地の腹巻きパンツ。表面が凸凹しているので、肌との接触面が少なく摩擦が起きにくい。遠赤外線効果のあるテクノロジーを搭載した素材を採用。右・ザ シシクイ HARAMAKI PANTIES LIGHT ￥4180、左・同 HARAMAKI TANGA HEAVY ￥4620

038 「ハンドケア」は自分の心への投資

ハンドケアはスキンケアやメイクほどケアしないわりに、手が自分に与える影響は大きいですよね。常に自分の視界に入るし、パッと視線が下りたときにシミを発見すると、慌ててレーザーで取る人もいるぐらい、精神的ダメージが大きいもの。年齢が出やすいパーツでもあるので、最近ハンドケアを意識するようになりました。

私の場合、**ベッドサイドにアイテムを置き、「これならガサツな自分でもやれる」と思える動線づくりを。**寝る前に「ベリュマン」のミスト、美容液、クリームを重ね塗り、手をひたひたにして寝ます。就寝中に美容成分が浸透し、翌朝の手が見違えるほどツヤツヤに！　**朝から気持ちが上がるので、夜のハンドケアはかなり有効。**もともと日中にハンドクリームを塗るのが少し苦手なので、塗らなくてもOKな〝手づくり〟を。使い切れなかった化粧水や美容液を塗るだけでも効果は歴然！

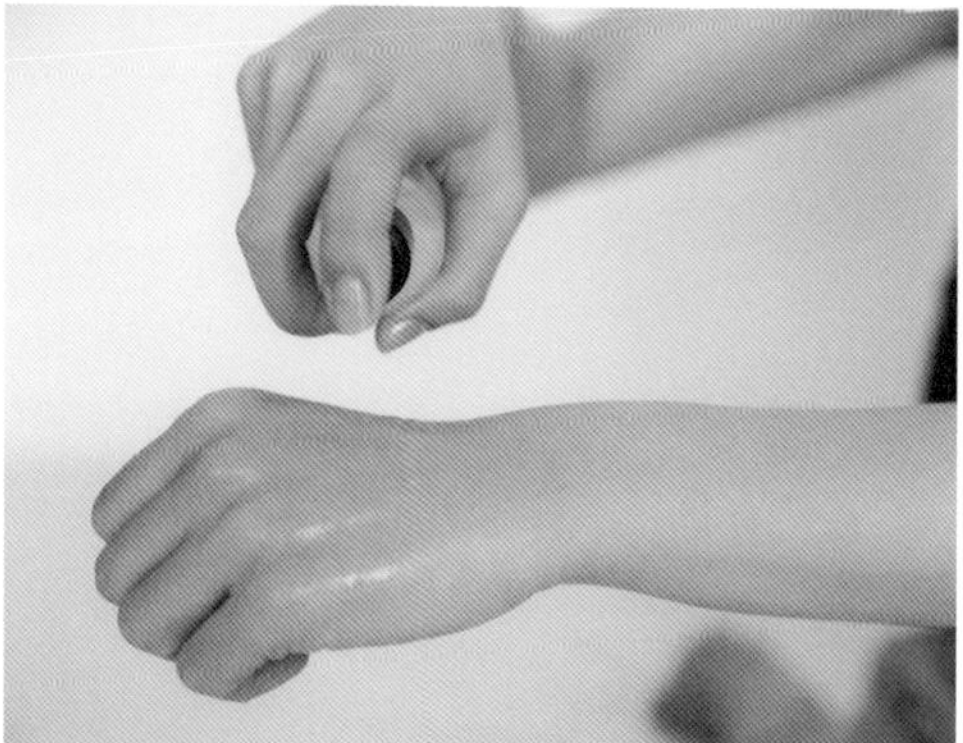

「クリームを塗る前に、ローションミストをのせておくと肌への浸透率が違います！ 手は1回で自分の目で効果が実感できて楽しい！　手がキレイな人を見るとドキッとしますよね」。

左・海洋深層水配合のウォーター層と植物オイル配合のオイル層がベストバランスで浸透。手荒れのリスクが高い日中は、ベタつきのないローションで数回ケアするだけでも、手の状態はよく保てる。ベリュマン 二層式ハンドローション No. 0 120ml ¥4290、中・濃密なオイル美容液。同 ハンドセラム No.1 10ml ¥3850、右・刺激などからバリア機能を守る。同 ハンドモイスチャライザー No.2 30ml ¥3630／ウェルフ

039 アロマの力で「深呼吸」

自分のテンションを上げたり、平常心に戻すときに、助けてもらっているのがアロマ。マイナス思考になり固まった身体をゆるめるときも、**アロマが深呼吸を促して、自律神経を整えてくれる**んです。撮影のときなど、**その日の気分や目的で選べるように、いつもお気に入りの香りをポーチに入れて持ち歩いています。**

愛用のブレンドオイルは、セラピストの鈴木サリーさんがつくっているもの。朝はミントの香りの「リュクス ラブ No.11」を首につけると、シャキーンとして気合が入るイメージ。マロアのヘアブラシでブラッシングすると頭もスッキリ！ 昼はローズやゼラニウムの香りで**女性的な気分を上げるのもいいですね。仕事では感情を整え、平常心を保てる**「キャプティベイト・パフューム ドリーマー」を。夜はこっくりした香りが魅力的な同ラインのラベンダー&バニラの香り「ラブ」が多いです。

「日々、自分の身体の状態は違うので、今まで夜に使うことが多かった香りを、昼もいいなと感じることがあります。あまり香りを限定せずにその日の直感で選ぶことも大切」

右から・金木犀がほんのり漂うミントの香り。リュクス ラブ No.11　イランイラン、ベルガモットなどの香り。キャプティベイト・パフューム ドリーマー　ネロリ、レモングラスなどを配合。リラックスしたいときに。同 ボヘミアン　ゼラニウムや蜜柑の香り。同 パッショニスト　バニラやラベンダーなどが配合された甘美な香り。同 ラブ／すべて私物https://saly.jp

040 シャワーミストのように「香水を浴びる」

香りが大好きで、いろんなシチュエーションで香水を使っています。**人間の五感の中で唯一、香りを感じる「嗅覚」だけが、脳に直結していると言われてるんですよね。**一瞬で気分を変えることができ、香りで記憶がよみがえるのも素敵です。

中でも、ここぞというとき選んでいる特別なアイテムがルイ・ヴィトンの「パシフィック チル」。**とにかく一瞬で気分がめちゃくちゃ高揚する香り。特別な自分を演出したいときの強い味方になってくれる、**贅沢フレグランスです。

最近、肌につける以外に、香水の新しい楽しみ方にもハマっています。**シャワーを浴びているときに、浴室に香水をシュッとひと吹きすると、香りが蒸気に包まれて浴室全体にいい香りが充満するんです。**お気に入りの「OSAJI」や「THREE」の香水で、至福のスパ状態をつくり、心と身体をゆるませています。

ブラックカラントとセドラ＆レモンが奏でる、フレッシュな色気を放つ香り。五感をデトックスするかのように刺激。レ・パルファン ルイ・ヴィトン オードゥ パルファン パシフィック チル100ml ¥42900／ルイ・ヴィトン クライアントサービス

「若い頃は絶対に選ばなかった、ちょっとスパイシーな大人の香りに惹かれるようになりました」。右・ビターなブラックカラントの媚びない甘い香り。THREE エッセンシャルセンツ 03 9ml ¥5390　左・余韻を残す、温かみのあるバルサミックローズに、ブラックペッパーのスパイシーな香りがアクセントに。OSAJI オードパルファム No.9 50ml ¥17600

041 至福のシャワー時間と「塗る湿布」的オイル

最近、美容の中でも自分の幸福度を一番上げていると感じているのがボディケア！ 自分で身体を触ったときに、肌がツルツルになってきて嬉しいんですよ。

私は週に2回、ボディスクラブをしています。ウカのボディスクラブは幸せホルモンと呼ばれる「オキシトシン」の分泌を促してくれる香りが調合された、特別なスクラブ。**シャワーの湯気に包まれながらスクラブしていくと、肌が柔らかくなり、バスルームに充満する香りで呼吸が深くなっていきます。**そのあと、ちょっと顔には合わなかったなという化粧水や美容液を塗れば、1回で肌がもちもちに！

ナリンのオイルはもはや〝塗る湿布〟。お守り的に持っていると安心するアイテムですね。肩や腰、首のこりなど固まっている部分に塗ると、身体がスーッとほぐれてポカポカしてきます。

[おすすめのボディミルク]
「シャワーの後の保湿に。テクスチャーが軽いのにしっとり。敏感肌にも使えるのがいい！」。OSAJI センシティブ スキン ボディミルク310g ￥3520

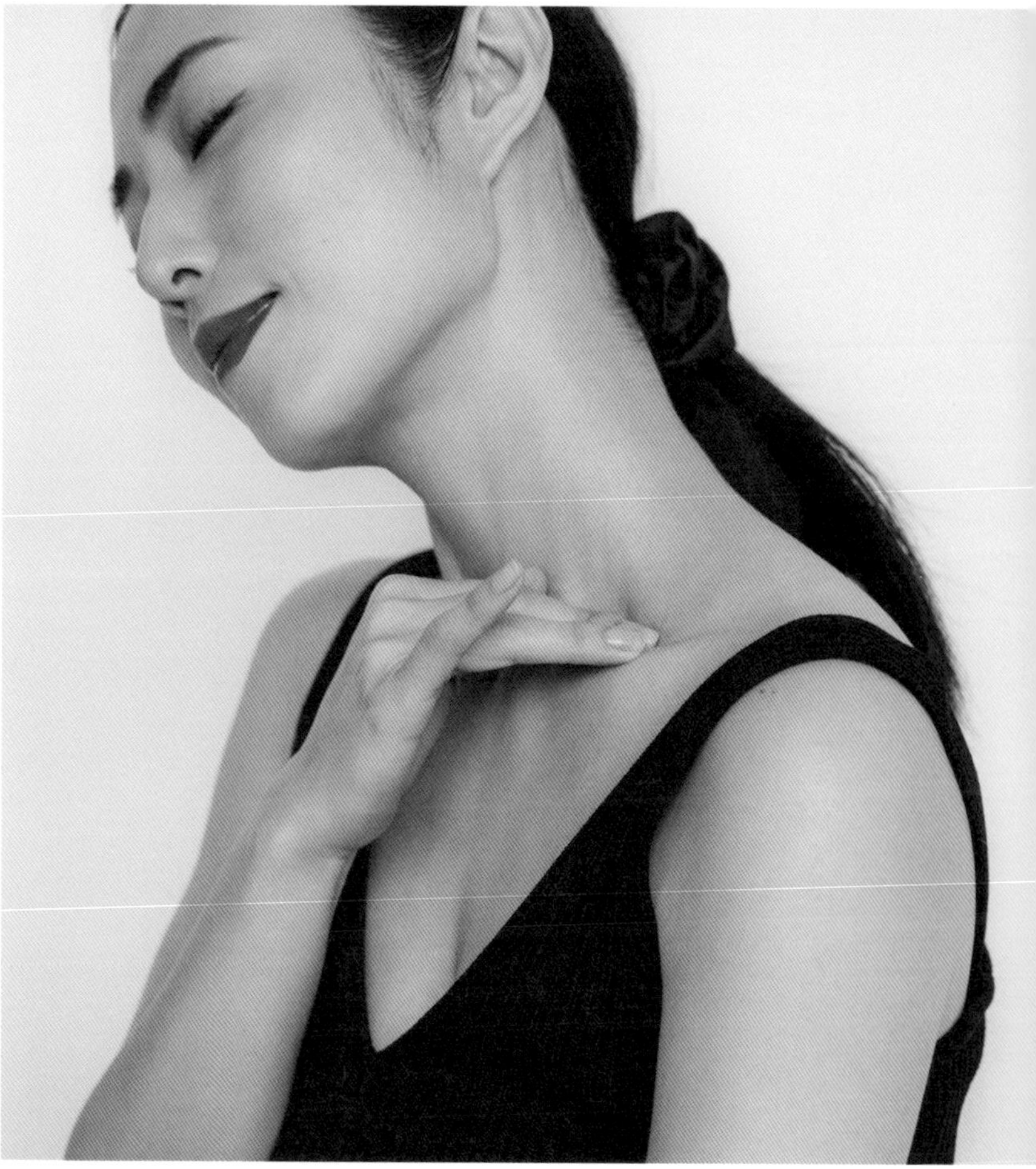

右・スイスの修道院の伝統レシピをベースに40種類のハーブをブレンド。肌に塗れるブレンドエッセンシャルオイル。ナリン ハーブオイル33＋7 50ml ￥7150／スターティス　左・肌のキメを整えるなめらかなペースト状のスクラブ。アンズ種子を配合したスクラブ粒子で、洗い上がりはつるり＆ふっくら肌に。uka ボディスクラブ ハグ 250ml ￥5500

042 自己肯定感を上げる「フェムケア」

この3年ぐらいフェムケアをするようになり、〝こんなに変わって、女性的な自分が喜んでいるのが分かるんだ！〟と実感しているので、個人的には皆さんにもぜひ味わってほしいですね。**専門クリニックを受診するのもおすすめです。**

年齢を重ねると女性ホルモンの分泌が低下、膣は乾燥しやすくなって萎縮して硬く縮んでしまうこともあるそう。そうなると自己肯定感も下がりますよね。なので乾燥させないためにも、フェムケア専用のアイテムで対策しています。「ポロロッカ」のクレンジングオイルで洗うとすっきりするうえに、ふかふかに。そのあとにネロリハーブ「デリケートケアオイル」で保湿を。**今までケアしてこなかったパーツなので、くすみやハリが驚くほど激変！**　外出先でもマロアの「フェミニンシート」でササッとふき取ると、スッキリして気持ちが切り替わります。

［婦人科形成専門クリニック］
なおえビューティークリニック
https://www.naoe-clinic.net
ドクター、スタッフは全員女性。

右・汚れを落としながら潤いを残す保湿感。女性特有の時期にも使える。ポロロッカ インティメイト クレンジングオイル 50ml ￥3850　中・デリケートゾーンこそ保湿を。ネロリハーブ　デリケートケアオイル（※ネロリハーブでカウンセリングされた方が購入可能）　左・フェムゾーンをふき取りケアできる化粧水シート。口まわりや全身のケアにも使える。マロア フェミニンシート コットン プラス フレグランスフリー、同 ウーマンバランスブレンド 1包 5ml × 25包 各￥3410／me

043
免疫力が下がっているときのマイ処方箋

なんか体調が怪しいな、心がザワザワするな……という日は、**身体の外側よりも内服系のケアで元気になることが多いですね。**爆上がりするのも不自然なので、ゆるやかに身体と心が整った状態へと持っていってくれるケアがおすすめです。

最近、取り入れているのは新エイジングケアの美容成分として注目のNMN。値段は高いですが、「Gaah（ガー）」のサプリメントを日常的に取り入れつつ、スペシャルケアとしてREVIクリニックの「NMN点滴療法」で体調を整えることも。

また美容大国、韓国の美容も取り入れてます。「キム・キジュン東洋医学院」では、細かい問診に沿った韓方を処方して発送してくれる3ヵ月プログラムがおすすめ。友人は更年期のときに処方してもらい、汗が止まるなど体質も改善。**韓国では、若い子も韓方を錠剤やジュースなどで習慣的に取り入れているせいか、元気ですよね。**

［エイジングケアクリニック］
REVIクリニック
NMN点滴療法　100mg ￥55000
https://revi.clinic/

［韓方クリニック］
キム・キジュン東洋医学院
https://www.lottehotel.com/world-hotel/ja/facilities/kim-kijoon-oriental-clinic.html

「韓国のドラッグストアで購入した、アトミ ヘモヒム。免疫力がアップするという韓方サプリメント」／私物

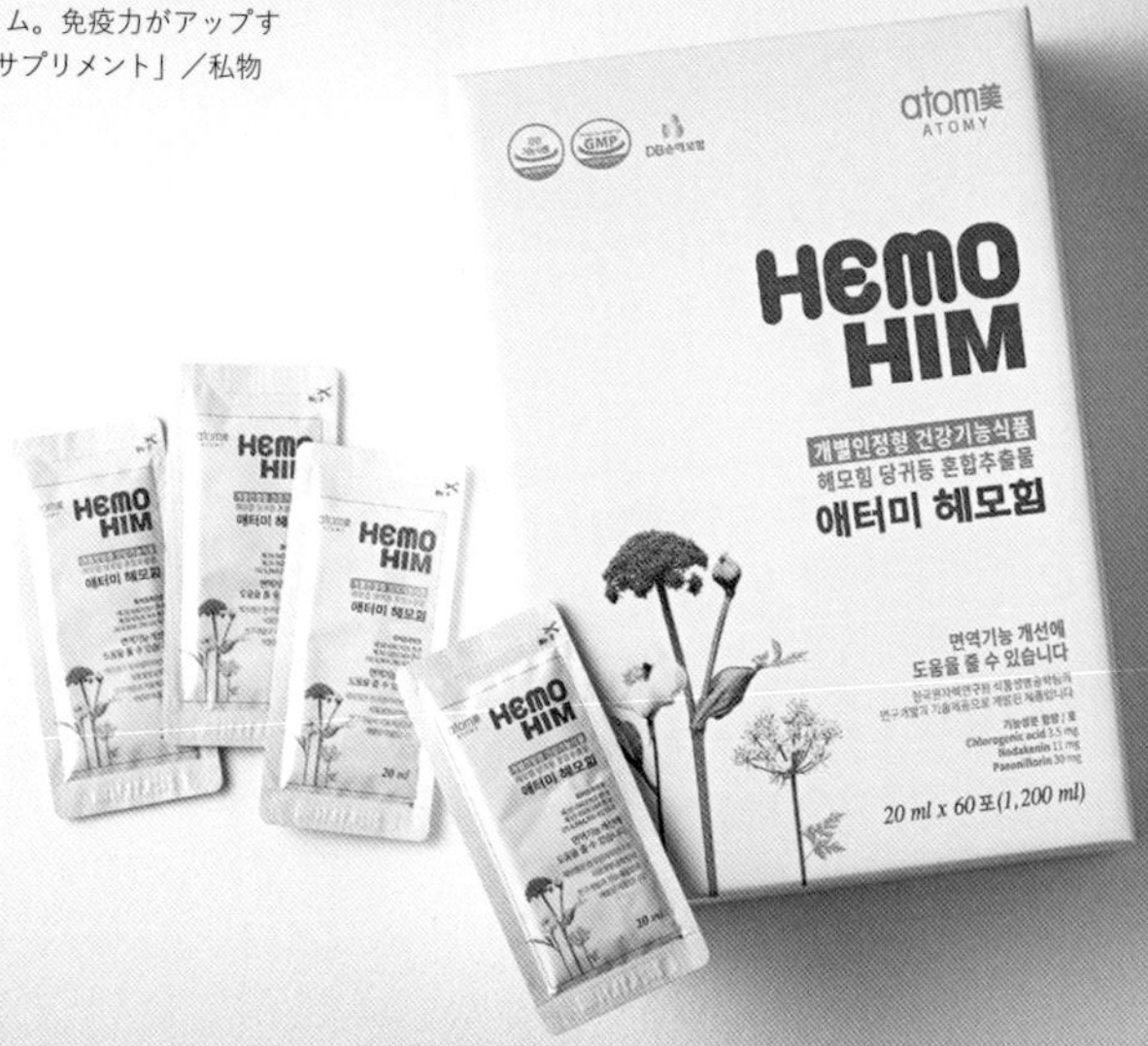

「飲んでいると元気になり、肌の透明感も上がりました」。純度の高い、最高品質のNMNを高配合。Gaah インナービューティ NMN ＋9000 90粒 ￥39600／スリーエム

INTERVIEW

弱いまま、強くなる
――私が一番苦手な感情

私が最も苦手なものの中に「別れ」があります。たとえば、友達や彼氏との別れ、子離れや親しい人の死。こういうことが起きると、自分の感情が強烈に喰らってしまい、コントロールできないような恐怖心がどんどん襲ってきます。私は悲しみの感情を心の奥で深く受け止めすぎてしまい、なかなか表に出せないせいか、「MEGUMIちゃんはさっぱりしてて、強い人だよね」と言われがちですが、私も皆さんと同じように感情に飲み込まれて溺れてしまうことがあるんです。

　昨年の春、一人息子が留学に行くことになりました。日本から一歩踏み出すことを後押ししたのは私だったのに、自分でもびっくりするほど感情が乱れてしまいました。**当たり前のことって、その中にいるときはどれだけ大切なことか、なかなか気づかないもの。**子育ての渦中は仕事との両立でとにかく必死で、その瞬間瞬間は懸命にやってはいたけど、あの日々がどれだけ幸せだったか、息子が離れてから強く感じています。

　子育ては子供が親から離れて自立していくことが成功！　だと分かってはいる。でも離れていくのが分かった瞬間に、もっとご飯を作ってあげたかった、もっと一緒に出かけたらよかった、というような後悔がたくさん出てきて想像以上に辛かった。

　よく先輩ママから「子供は15歳からは自分の社

会を築いていくの。親のものではなくなるよ」と言われていたけど、正直、今でも受け入れられず（笑）。年末に息子が一時帰国したときも、「カウントダウンは地元のお友達と迎えるからね！」と言われて、「はっ？　私とじゃないの⁉」と、元旦から失恋みたいな気持ちになりました（笑）。

経験した苦労と同じだけ、幸せがある

息子に留学をすすめたとき、自分の心に言い聞かせていたのは、「都会の限られた環境で育った彼はもっと世界を広げる必要がある」ということ。両親が有名人ということもあるので、周りを気にせずに、彼自身が自信を持てる環境や経験を増やしてあげたいという思いもあって。今、苦労したら強くなるし、豊かな経験になる！　と息子と何度も話し合いました。

私はシングルマザーの母に育ててもらったので、なんでも叶えてもらえるような恵まれた環境にはいなかったし、芸能界でも体を張る系のタレントでやってきました。バラエティでプロレスを毎年やったり、水着でバンジー飛んだり（笑）。でもあの時代があったからこそ、今、仕事でどんなものが来ても怖くないし、冷静でいられる自分がいる。

日本人が一人もいない環境にいる息子は今、本当に大変だろうと思うけど、いつかその経験こそが自信となって彼を強くする、と信じて不安な心をぐっとおさえて見守ろうと思っています。

もう少しで1年が経とうとしていますが、この選択でよかったと思う日と、やっぱりかわいそうだったかなと思う日があって、未だ答えは出ていません。ただ、黙っていたら誰もかまってくれない環境なので、確実にコミュニケーション能力は上がってすごく社交的になったと思います。

私が現地に行ったときは二人で周辺の国を旅し

ながら、彼の好きな餃子やハンバーグを作って、たわいもない時間を過ごしています。彼は何とも思ってはいないでしょうが、私はこのときを一生忘れないだろうなと思って噛みしめています。

息子に一番届いてほしい想いとは?

息子に伝えたいことはただひとつ。「**人間は動くために生まれてきた」ということ。失敗してもいい。弱音もたくさん吐いていい。でも動くことを諦めないでほしい。**

たとえば、友達の誕生日にお祝いしたい気持ちがあっても、それを伝えることができなければ何もないのと同じ。自分が何かになりたいという夢があっても、そこに行動が伴わなければ、いきなり何者かになれることは絶対にない。私の指針でもあるんですけど、**幸せは行動があってこそ得られるもの**、だということだけは胸に留めてほしいと心から思っています。

人生で一番の大きな別れ

去年、弱さの沼から這い上がれないほど、痛みの中にいた時期がありました。

当たり前に続くと思っていた環境の変化と別れ。変化していくことの恐怖心からいろいろな後悔が襲ってきては、自分の人生を進まなくてはいけないときが来たんだ……など、たくさんの葛藤の中で眠れず、答えが出ない日が続きました。

仕事への移動中の車の中で泣いて、現場で車から降りた瞬間から仕事に集中して、終わると移動中にまた泣いてと、感情のコントロールが利かず、マネージャーさんたちには申し訳なかったなと思っています。

自律神経が極限までおかしくなって、食べ物の味がしない。お腹がすかない。眠りが浅くてすぐに起きてしまう……。そんな〝陰〟モードに入っ

てしまうと、ＢＡＤな思考がいくらでも押し寄せてくる。ただ仕事の現場でそれは全く関係のないこと。いつだって人前に立つときは一瞬でも弱さを表に出すわけにはいかない。辛い時期でしたが、問題から頭が離れられる時間があるというのが救いになったのも事実。仕事に本当に助けられました。人間、問題だけに向き合いすぎてしまうとよくない、ということも学びました。

葛藤の日々から見えたこと

臨床心理士の先生など、信頼のおける先生に話を聞いてもらったことも救いのきっかけになりました。自分だけのＢＡＤな渦の中から、守秘義務のあるプロフェッショナルな方たちに気持ちを吐き出すことで、自分の感情が少しずつ整理され、息ができるような感覚になったのを覚えています。**大切な人が離れていくことって本当に悲しいことだけど、次のシーズンに行きなさい、ということなのかな**と少しずつ思えるようになりました。

　心が弱っているときの感情というのは、日々、目まぐるしく変わるもの。自分にも非があったのかもしれないという罪悪感や、許せないという気持ち、今までの感謝の気持ちなど、数分単位で感情がぐるぐる変わる中で、こんなことを思う自分がいるなんて！　とびっくりするような負の感情が出てきたこともありました。

　でもその負の感情に一番苦しんでいるのは、結局、自分自身だ、ということに気がついて。負の感情は、どこかで必ず自分に跳ね返ってくる。ただ幸せでいてください、ありがとうございました、と思うと、自然と身体のどこかが軽くなるのを感じることができました。思ったことが自分を造るというのはこのことなんだと。**自分を守るためにも、まずは自分の強烈な気持ちを許す、そして前向きに変換するということが必要だということを学んだんです。**

苦しみの中にいるときこそ、身体をケアする

変化の通過点というのは本当に苦しいものですよね。それはもう、オエッ！　て吐きそうになるほど。でも**今まさに苦しみの渦中にいる人がいたら、心が辛いときこそ重い腰をあげて、マッサージをしたり、身体を温めたりして、自分を労《いたわ》ることを忘れないでほしいと思います。**

自分のことを二の次にして、ふさぎ込んだままでいると免疫力は劇的に落ちていきます。私もこの時期は常に身体が冷えていて風邪をひきやすかったり、口内炎ができたりしました。お世話になっている鍼灸師の先生のところに行ったら、身体が緊張したまま硬く固まって、痛みを全く感じなくなってるよ！　って言われて驚いたことも。そのとき、普段はしない深い部分にまで届くように鍼を打ってもらったら、**痛みがよみがえったと同時に、涙がこぼれて急激に心と身体がゆるんでいくのを感じたんです。**その日はいつもより長く眠ることができて、安心できたことを覚えています。

そうやって身体が動かないときも自分をケアすることで、少しずつ這い上がっていって、お腹がすくことを感じたり、いい香りに気がついたり。あぁ、私、人間らしくなれてる……と、普通だったことをあんなに特別に感じる瞬間はなかったと思います。そうかと思えば、また停滞した闇の中に入り込むこともあります。でもその繰り返しで、**少しずつだけど進んでいくことで大丈夫って思える瞬間が必ずある、と伝えたいです。**

弱さを知ったからこそ、人の痛みにも共感できるように

今回の経験は本当に辛かったけれど、よかったなと思うのは、**自分の中の究極的な弱さや痛みを知ったこと。**

私は小さなころから鍵っ子で、孤独みたいなも

のは自分の行動で対処できてきたし、悩みも自己解決するような子でした。でも人前で感情的に泣くことが苦手な私にとって、今回気持ちが爆発して涙が止まらないという経験を通して、感情のスイッチに気づけたことは大きな成長だったなと思っています。

今は、弱さを背負って、強く生きていく、という第2フェーズに入ったような気がしています。

弱さがあるってしんどいな、って思うけど、それがあるおかげで自分のための調整がかかっているような気もします。日々、激しい環境にいる分、一回クールダウンも必要。弱さが私をまっとうな人間にしてくれているのかな、と。

人は調子がいいときって弱かった自分を忘れたりするものです。私も、母として、女性としての経験を積んで、何でも分かったような気がしてしまいがちです。それは愚かなことで怖いこと。**痛みがあるということは決して恥ずかしいことではないし、自分に傷がないと他人の痛みを理解することはできない。**いつか人に寄り添えるときのために、このときの自分の気持ちを忘れてはいけないと心から思っています。

先日、仕事で訪れた海外でひとり早朝に散歩をしていたとき、ふと心に降りてきたことを思わずメモしたことがありました。

それは「痛みとともに生きていく」という言葉。結局、そういうことなんだと。静かに受け止めて前を向くことができた時間でした。

これからは一層「女性が幸せに生きる」という私の人生の一番のテーマとともに、女性としての辛さや不安、母親としての悩みなど、たくさんの痛みを正直に分かち合っていきたい。そして自分をケアする喜びと、幸せに生きるヒントを皆さんと共有していけたらいいなと思っています。

WHEN I SURVIVE A MENTAL CRISIS.

心の危機への対処法

4

究極に悲しいとき
本当に辛いんだけど
とにかくドアを開けて外に出る。
きっと些細な幸せに気づくはず

044 辛いとき、守るべきは日常生活

尊敬している先輩に「辛いときこそ、普通の生活を続けたほうがいいよ」とアドバイスをいただいたことがありました。以前、家族の一員としてずっと寄り添ってくれていた犬が亡くなったとき、ものすごい落ち込んでしまって。悲しみの中で起き上がるのも億劫だったけど、こんなときこそ、と淡々とご飯を作って、温かいお味噌汁を飲んで。ただ無心に部屋を片付けることで気持ちが整って、お花を活けてじんわりと泣けてみたり……。そんな普通の日常生活が、どん底の自分を守ってくれたという実感がすごくありました。

現実の悲しみから逃れられないときこそ、あえて日常をやる！ とにかく目の前の〝今〟に集中して料理や掃除をすることで、気がついたら心の整理がついて、少しずつ大丈夫かも、と思えるようになることを心のどこかに覚えていてほしいです。

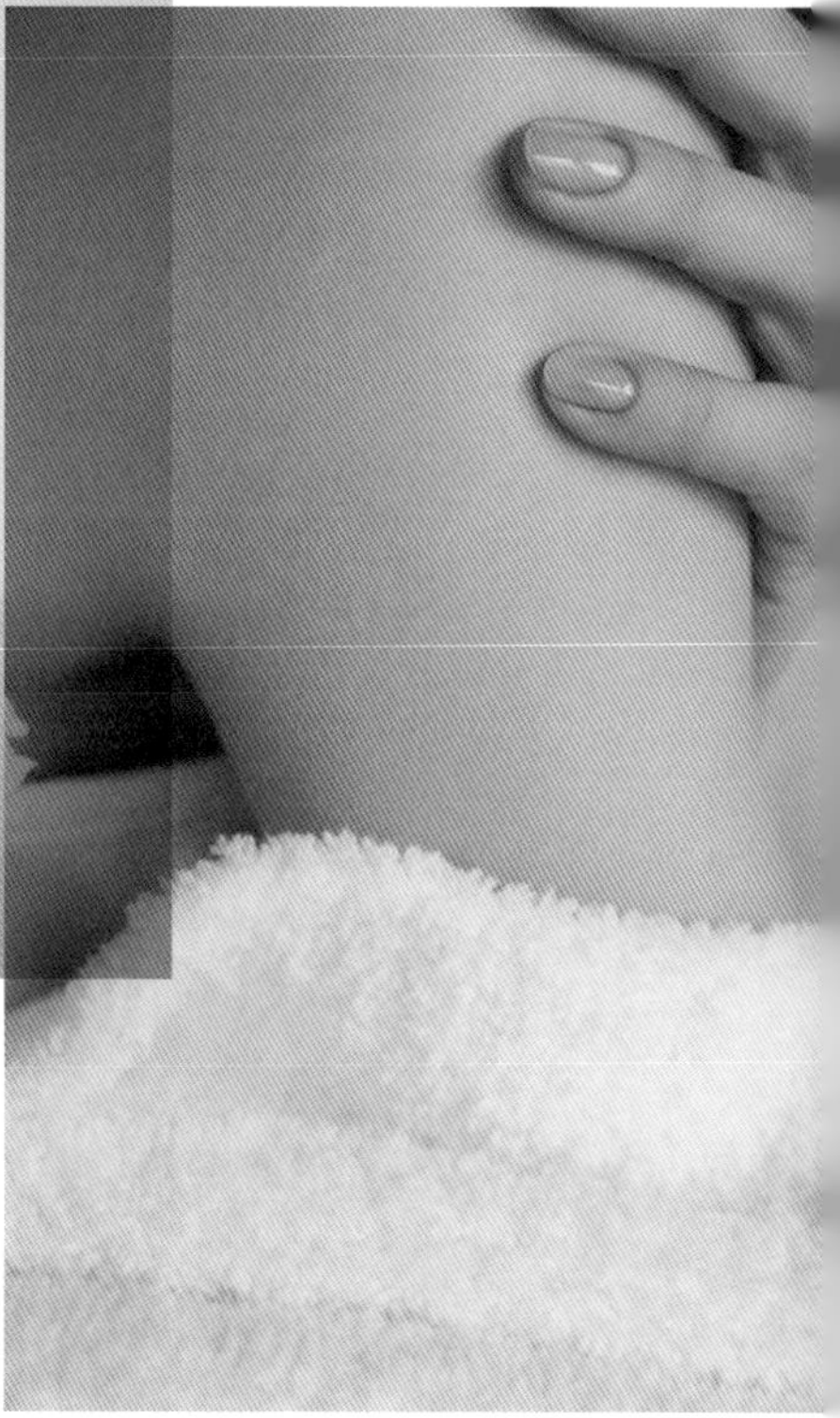

045
そして、重いドアを開けて外に出る

悩みを抱えているときは、動けない、誰にも会いたくない、と頭も身体も引きこもってしまいがちですよね。以前、私も極限的に辛いときにピラティスの予約を入れてしまっていて、「こんなときにトレーニングなんて無理。マジ休みたい……」と悩みに悩んだ末、死ぬような思いでなんとか行ったことがありました。最初は辛いんですが、身体を動かしているうちに心が少し軽くなり、身体がほぐれ、自律神経が整い、いつもより少しよく眠れる。「あぁ、行ってよかった（涙）」と思える経験がありました。

だから、悩みが深ければ深いほど、ドアを開けて外へと一歩動き出してほしい。

信頼できる友達や専門家の方に話したり、マッサージに行ったり、ジムへと向かったり、とにかく自分のケアのために動き出すことで、ゆるやかだけど歯車がいい方

向へと動き出していきます。悩んだまま一人とどまっていると、黒い海の中にいるのが知らないうちに心地よくさえなっていくもの。まずは美容をやったり、身体を鍛えたり、何でもいいから一歩動き出すことで、少しずつ悩みに対する視点が変わっていきます。

映画館に一人で行くのもめちゃめちゃいいですよ！　ストーリーのおかげで思いっきり泣けて感情がスッキリしたり、悩みを忘れて作品に没入することができる。ずっと家で悩みに向き合いすぎてしまうと、思考は同じところを行ったり来たりするだけで苦しみからは離れられない。**結局、一瞬でも悩みを散らせる時間を持つことが大切なんだと思っています。**

あと、心が弱っているときに外に出ていくと、普段では気づかない些細な幸せに気づけるものです。話を聞いてもらえる友達がいることや、太陽の優しい光がキレイだなとか、健康ってやっぱり尊いなとか、本来の幸せを思い出させてくれます。辛いときに動き出した先には、今ある幸せに気づく時間がちゃんと待っていますよ。

046 カウンセリングをもっと身近に

今の日本には、誰もがもっと気軽に感情を手放せる、カウンセリングの場所が必要！　だと思っています。私は仕事柄、インタビューを受ける機会がありますが自らが話していくことで、自分はこんなことを考えているんだなということが明確になって頭が整理されることがよくあります。モヤモヤしたものが頭に残っていると、その正体が分からないまま辛さを抱えがち。**心が病む前に、人に話して感情を整理できる場所があったら、人はもっと楽に生きられるはずです。**私も月に1～2回は臨床心理士の方やセラピストなど、プロフェッショナルな方に話を聞いてもらって、身体やお肌と同じように心のメンテナンスを心掛けています。**24時間いつでも匿名で利用できるオンラインカウンセリングや「自分のトリセツ」を持っておくこともおすすめです。**気軽に利用して心の整理を図ってほしいですね。

［オンラインカウンセリング］
cotree
https://cotree.jp/
24時間、匿名で利用できるオンライン相談サービス。

［自分のトリセツ］
自分取扱い説明書（ISD個性心理学協会）
「統計学の観点から生まれた"私"に気づく手帳」
https://www.isd.gr.jp

047 「拠り所サロン」を幅広く持つ

元気がないときは、プロの手を借りて、固まった身体をほぐしてもらうのもおすすめ。不調を放置したままにすると、心と身体はどんどん固まってしまい思考もネガティブな方向に向かってしまいます。40歳を超えると、自分が思っている以上に悪化のスピードは速いんですよね。ストレスを手放し自律神経を整えるためにも、思っているよりもこまめに、そして気軽に、プロに相談してみましょう。身体をほぐしてもらうことで心がほどけて涙が出たりと、心と身体はつながっていることを噛みしめることができます。

私は、ケアをお願いできる拠り所サロンをいつも2〜3個は用意しています。このパーツの痛みのときはココ、今日はじっくり身体と向き合いたいからココとか。

［拠り所サロン］
ATELIER Saly https://aglaiasaly.com/
「自分と向き合うときに必ず訪れるサロン」

［拠り所サロン］
美整堂 BISEIDO https://biseido.jp
「正しい位置に骨格が戻り、本当に身体が楽になります」

誰とも話したくない日は、日本語が通じない外国人の方で！　とか（笑）。ひとつだけだと予約が取れなかったときに困るし、また今度でいいや……と後回しにしてしまいがち。**ぱっと予約できて、その日に解決してもらえるサロンがベストです。**仕事で地方に行ったときなどは、必要だと感じたときにホットペッパーを利用して、現場からすぐに行けるところを予約することもありますよ。

サロンに行くことに慣れていない人にめちゃくちゃおすすめなのが、シャンプーです。皆さん、シャンプーだけをしてもらうという習慣があまりないと思うんですが、人に髪を洗ってもらうのって本当に最高！　マッサージに行くほど時間がないときや予算がないときも、シャンプーだったら2000円くらいでサクッと行けるし、洗いながら軽くヘッドマッサージをしてもらうと、ものすごく自律神経が整っていくのが分かります。施術中の30分ぼーっとできるだけでも気分転換になりますよ。出先で少し疲れを感じたときや、大切な人と会う前に、サクッとシャンプー！　で気持ちを上げていきましょう。

048

夕方を乗り越える

日が暮れてくると疲れがでるせいか、なんとなく感傷的になってしまうことがありませんか？　赤ちゃんが黄昏《たそがれ》泣きといって夕方になると泣き止まなくなるように、**大人も孤独感とか寂しさとか、よくない錯覚に陥りやすい時間帯が夕方。**そんな魔が差す夕暮れ時を乗り切るために、思考の矛先を変えてくれるマイアイテムをバッグの中に入れておきましょう。たとえば、いい香りのミストをシュシュッとまとって深く呼吸をしてみたり。**私が今ハマっているのは、ツボ押しタイプの美顔器。**化粧の上から使えるから、血流が滞ってるな、顔がむくんでいるな……というときに気分転換もかねて使っています。肌も温まってきて憂鬱な気持ちから心地よく守ってくれるんですよ。あとは、10～15分くらいの〝お夕寝〟！　移動中の車や家のソファで。耳栓やアイマスクして寝るとさらにスッキリします。

右・夕方の疲れた顔の表情筋に〝ツボ押し〟感覚で使えて、1本で温め・ほぐし・引き締め・流す、が可能。Beauty Face Stick ￥35000／ステラボーテ　中・「心と身体のお浄めも期待できて、リフレッシュできますよ」。京都・泉涌寺境内の樹木の蒸留水を使用したアロマスプレー。三世香SANZEスプレー 60ml ￥2500／泉涌寺　左・「ペパーミントやラベンダーの香りが夕方の気分の翳りを払ってくれます」。Saly Beautism キャプティベイト パフューム ボヘミアン ¥4064／アルテ ディヴィーノ

049 言葉の力で脳をポジティブに変換

女子ソフトボール日本代表選手のメンタルトレーナーを務めた、西田文郎さんによると、言葉には魂が宿っていて、私たちの感じ方や考え方を形づくる力があるそう。実際、選手たちに「世界一になって幸せになる！」という言葉を毎日言うように指導をしたことで、脳が「出来て当たり前！」ととらえて、見事、北京オリンピックの金メダルへと導きました。その一方で、自らの言葉で、自らを落としていくというループも確実に存在します。**攻撃的な言葉を使うと、罪悪感が生まれて心がくすみます。**相手との関係においてもいいエネルギーが生まれません。たとえば、仕事で伝えたいことが「早くしてっ！」だったとしても、「楽しみに待っています」のほうが可能性を広げてくれます。**自分のマインドを上げるのも下げるのも言葉次第！**　出来るだけプラスな言葉に変換して、理想を叶えていきましょう。

[おすすめの書籍]
西田文郎　著『No.1メンタルトレーニング―本番で最高の力を発揮する最強の自分をつくる』（現代書林）

050 瞑想のすすめ

「瞑想で、心を洗うことができます」とは、瞑想家・ニーマル先生のお言葉。元来せっかちな私は、今まで瞑想というものがなかなか身につかなかったんです。でも**そのときの感情に合わせて数分でできるメソッドがたくさんあることを知って、気楽にトライできるように。**一日3分でもいいから瞑想をすると、たしかにネガティブな感情が洗い流されて、ものごとを淡々と受け入れられるようになります。

瞑想の素晴らしい効果のひとつに〝今〟に集中するマインドフルネスがあります。人は普段、過去に縛られたり、起きてもいない先のことを恐れたりと、過去と未来のことばかり考えがちなんだそう。**瞑想の時間はひたすら今だけに意識をフォーカスすることで、脳がリラックスして、ストレスとは無縁になれるんです。**ひとつひとつの呼吸を大切に意識できるようになって、気持ちの切り替えにも役立っています。

「瞑想するときにおすすめの香りはこの2つ」。右・ラベンダーとベチバーの草原を感じさせる香り。OYASUMI ¥5500／MARIEANNE　左・希少な香木の香りが瞑想タイムへの誘導にピッタリ。THERA 線香 香木 沈香 ¥3630／ALHAMBRA

「ニーマル瞑想」で心を洗う

ビギナーにもおすすめ　思い立ったらすぐに実践！
心を整える3分瞑想

深い呼吸とともに全身の力をゆるめていく瞑想は、心を落ち着かせたいとき、ネガティブになったときに、外出先や移動中でも手軽に行えます。ただひたすら呼吸だけに集中してください。

①背筋をまっすぐにして座る（椅子に座ってもOK）
②親指と人差し指の先をつけて輪を作り、手のひらを上に向ける
③目を閉じる
④息を深く吸って、自分の左脚を意識する
⑤吐く息とともに脚全体を楽にする（右脚も④⑤を同様に）
⑥深呼吸をしながら、左の手首、肘、腕、肩の力を抜く（右も同様に）
⑦息を深く吸いながら、背筋を整える
⑧息を吐きながら、尾骶骨《びていこつ》から頭の先まで緊張をすべて抜く
⑨深呼吸をしながら、首、肩をリラックス
⑩ゆっくり息を吸って、吐くときに思考や感情をすべて外に流すイメージ
⑪自分の内側へ「私は健康で幸せです」と伝える
⑫自分のタイミングでゆっくり目を開ける

詳しくは、ニーマル先生の書籍をチェック。
オンラインサービス「まいにちスワル」もおすすめ。
私はこちらのオンラインライブで毎日瞑想しています。

［ニーマル先生の書籍］
ニーマル・ラージ・ギャワリ　著『黒感情が消える　ニーマル10分瞑想　～怒り、不安、嫉み、欲、エゴを生まずに、よりよい自分に』（小学館）3分瞑想、10分瞑想の音声ナビＱＲコード付き

［オンラインサービス］
まいにちスワル
https://www.suwaru.co.jp/

051

SNSとの距離

先日、ペンシルベニア大学の研究でSNSの利用を一日30分に制限することでメンタルヘルスが驚くほど改善された、という記事を見ました。**SNSを見る時間が長ければ長いほど不安感や孤独感が強くなるそう。**そのネガティブな感情の正体は、他者との比較。贅沢な世界をうらやんだり、自分は呼ばれなかった食事会などの写真を見て傷つくなんてまったく無意味なこと。

SNSに依存しているかもな……と思う方は見る時間を決めてしまいましょう。**暇があったら見るのではなく、例えばランチタイムだけとか。あと、メッセージは朝にまとめて返して、そのあとに来た連絡はまた次の日の朝返す、と決めてしまうのもいいと思います。**最初は慣れないけど、1週間もすると面白いほど気にならなくなります。集中力が上がって、仕事や家事の生産性がぐっとアップしますよ。

052
大掃除＋セージで頭の浄化を

「一日10個、物を捨てるといい」とメンタルトレーナーの方に言われたことがあります。「10個って、えっ?」と思う方も多いと思いますが、クリップとかショップの紙袋や、いらなくなった書類など、小さなもので大丈夫です。

私たちは普段意識していなくても、どこの引き出しに何が入っている、クローゼットにずっと着ていない服がある……など、頭の中にたくさんのデータを残しているそう。だから物を捨てていかないと、常に頭の中はデータでいっぱい。いいアイディアがあったとしても、頭に隙間がないとキャッチしづらいし、そりゃあ起動も遅いわ！　って話です。

物を捨てると、整理ができていないというストレスや罪悪感も消えて、思考もク

リアになります。頭の中が軽くなる幸せが気持ち良すぎて、私は年に数回、お掃除のプロの方に来てもらって、一緒にいらないものを整理しています。半年、1年使っていないものは、どんなに想い入れがあるものでも捨てること。皆さん、気がついていると思いますが、いつか使う……っていう日は来ない！　思い出のものは写真に撮ったり、人に使っていただけるものは寄付してもいい。とにかくどんどん手放しましょう！

掃除のコツとしては、一度、棚や引き出しの中のものをすべて出すこと。キッチンだったら食器も鍋も、お菓子からなにから全部出す➡空っぽになった中を雑巾ですみずみまで拭く➡いるものだけを中に戻していく。**ポイントはすべて一回出すこと。すべて出すことで必要ないものがよりクリアに見えてきます。**最後に床をきれいに水拭きしたら、家のオーラが高まったような気分になって、本当に気持ちいい!!仕上げに空気を浄化するセージを焚いて窓を開けたら、他では味わえないスッキリ感があります。究極の気分転換になりますよ。

古くから浄化のハーブとして知られているセージは、瞑想や、空間の浄化のためによく使用されている。セージを焚くときは、窓を開け換気をよくして。妊娠中の使用は控えよう。

053

心の旅のすすめ

旅は自分を変えてくれる力を持っていると思います。スケジュールを考えて、事前にチケットやホテルを予約して……と大ごとにとらえず、**気負いなく、行きたいと思った日に出発！ くらいの旅の仕方もおすすめ。国内なら日帰りでも十分です。**

おすすめは歴史的な神社仏閣を訪れること。神社仏閣のなにがいいって、そこには大抵、偉大な自然が存在するから。現代人では到底造れないような建築も素晴らしいですよね。やはり人は圧倒的なものに触れると、自分の視野の狭さに気づかされて、悩みごとが吹っ飛ぶこともあるくらい。

あと私は〝住職フェチ〟でして（笑）。日々鍛錬してらっしゃる尊敬する僧侶の方から、視点を変えてくださるお話を聞くためだけに旅に出ることも。歴史を感じる環境下での学びは計り知れない感動があります。

また**旅の醍醐味は、実は移動中にあったりします**。景色を見ながら、予期せぬタイミングで思い入れのある曲が流れてきたり、ずっと読みたかった本に癒やされたり。そんな心がゆるんでいく時間は何よりのセラピーになりますよ。

私がよく足を運ぶ、おすすめの神社仏閣をご紹介

・**寒川神社（神奈川県）** 徳川家が戦の前に行っていた由緒あるパワースポット。建築の素晴らしさに圧倒されます。海が傍にあって帰りにお散歩もおすすめ。

・**両足院（京都府）** 美しい日本庭園を前に座禅体験ができます。僧侶の伊藤東凌さんの禅を通して生き方を豊かにしてくれるお話も素晴らしいです。

・**泉涌寺《せんにゅうじ》（京都府）** 日本で唯一の皇室の菩提寺。僧侶の熊谷道玄さんのお話には、いつも忘れたくない精神的な学びがあります。

・**大神神社《おおみわじんじゃ》（奈良県）** 日本最古の神社といわれ、神の宿る山として崇められてきた聖地。境内から望む大和三山の眺めは大自然の清々しさを感じさせてくれます。

054

女性の人生は感情のジェットコースター

女性は感情的とよく言われます。その理由の一つはジェットコースターのように人生のフェーズ（段階）が目まぐるしく変わるから。

例えば**10代は初々しさが求められ、20代はセクシャルな魅力が称えられ、30代になると急に〝姉さん〟扱いされがち。**世間から求められる役割や環境、周囲の目の変化のスピードに感情が追いついていくのは本当に大変なことなんです。

さらに妊娠したら心も身体も変化に追われて、出産した当日から〝いい母親像〟が求められます。私も子供ができた途端、「母としてのこだわりは？　理想の教育とは？」と、インタビューで聞かれる内容がいきなり変わって。え？　自分、最近までバリッバリにバラエティやってましたけど！　みたいな（笑）。**今までの自分**

が急にナシになっていくような感覚になったのを覚えています。

仕事と子育ての両立は、どちらも諦めたくない感情の中で、とにかく必死で。でもそんなタフな毎日があったからこそ、同じような境遇の人に寄り添えたり、感情移入できたり……。たくさんの経験値は、私たち女性に強さとやさしさも与えてくれます。

そして気がつけば40代！　とにかく〝ゆらぎ〟を感じて、再び心と身体の変化と向き合うことに。**女性は生理、人によっては妊娠・出産、さらに更年期、閉経と、一生を通して女性ホルモンのメカニズムと付き合っていく生き物。**でも今を楽しく生きている先輩たちは、〝変化のもがき〟を通過して、必ず抜けるときが来る！ということを教えてくれています。年を重ねることを悲観するのではなく、ケアを通して心と身体の変化を誇らしく受け止めていきたい。ありのままの自分を認めてあげられる力を備えていけたらと思っています。

「甘酸っぱくておいしい！ "ゆらぎ" ケアのために最近取り入れているザクロペースト」。 プレ更年期から必要な美容成分がたっぷりと入ったオーガニック ザクロに、女性ホルモンとよく似た働きをもつイソフラボンをプラスした、"食べる美容液"。MENOペースト ザクロ＆イソフラボン 15本￥4500 ／ MENOTONE

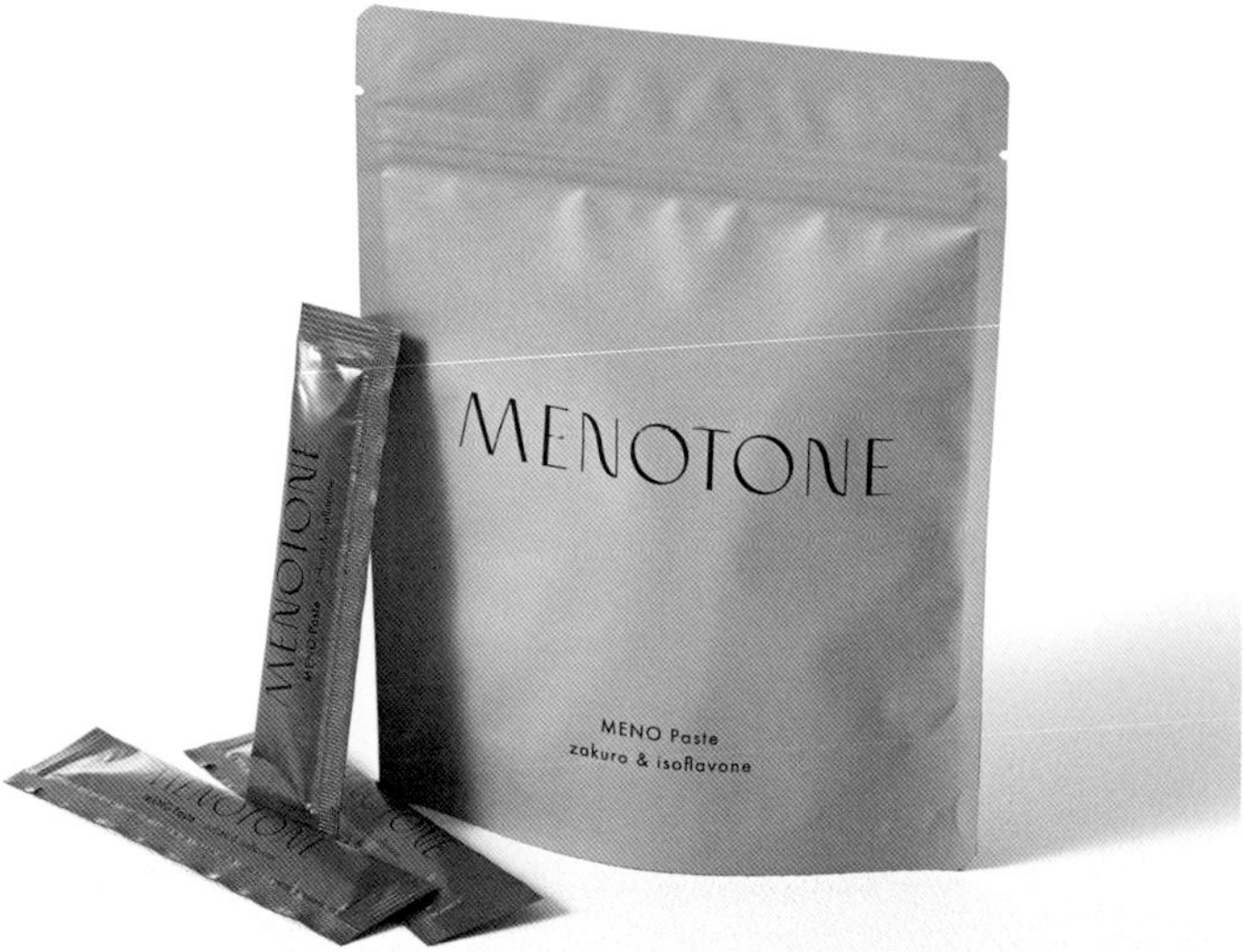

HAVE YOUR LIFE THEME. FIND A HERO.

人生にテーマとヒーローを持つ

5

心にマイヒーローを、
人生にはテーマを持つ。
私が目指すのは
見た目、モニカ・ベルッチ
中身、安藤忠雄です！

055 夢を叶える「事業計画書」

40歳を超えた私ですが、今でもバカみたいに（笑）夢がいっぱいあります。「今さら夢なんて……」と思いがちですが、**自分の生き方を真剣に見つめると、日常にある小さなことから、心が躍る大きなことまで、「やりたかったこと＝夢」が必ず出てくるはず。**なにより、人生は夢を持ったほうが何倍も楽しい！　と思います。

私は毎年お正月に、夢を叶えるための事業計画書を書いています。書き方はまず、あちこち分散しがちなやりたいことを、役割ごとにカテゴライズしていきます。私だったら「個人として」「女として」「母として」「俳優として」「映像プロデューサーとして」「経営者として」と分けて、それぞれなにを達成したいか？　いつまでに？　そのためになにをやる？　などを明確にしていきます。

たとえば、「個人として」だったら「２０２４年は料理を上達させたい！」と掲

［おすすめのアプリ］
夢が、かなうアプリ。by GMO
「夢」「人生」を設計するためのツールとして活用しています。

げて、そのために「憧れの先生のレッスンに申し込む」「週に1度はネットのレシピを見て新しい料理にトライする」など、具体的なものに落とし込んで書いていきます。

それぞれのカテゴリーを埋めるのは、めちゃくちゃ時間がかかりますが、そこを通過することで、やるべきことがはっきりと浮かび上がってきます。

現代人は日々やることが多すぎて、その中で本当に意味があるものを見出していくのはとても難しい。むやみにSNSや動画を見ていると時間はどんどん溶けていきます。もちろんご褒美としてそんなときがあってもいいけど、**自分のための事業計画書があることで、生きる目的ができて、行動が変わってくるはずです。**

あと、夢はいつ変わっても大丈夫！　です。誰かに出会ってこれまでと違う刺激を受けたり、やっていく中で飽きてしまったり。それはそれで柔軟に上書きしていけばいいんです。当たり前だけど、思いが薄いものから夢は消えていきます。ぜひ皆さんも思う存分、書きだしてみてください。

056

人生にテーマを持つ

メンタルケアの先生に教えてもらって、なるほどな！　と思ったのが、**方向性に迷ったとき、「人生に絶対的なテーマがあれば、間違えることはない」**ことです。

たとえば『ONE　PIECE』の主人公は「海賊王になる！」という大義名分があるからこそ、仲間が集まり、揉め事があっても同じ方向に立ち返ることができる。

そこで私も、人生のテーマをフィックスしよう！　と掲げたのが「女性であることを最大限に経験し、それを伝え、世の中の女性を幸せにする」ということ。デカーっ！　と思われるでしょうが、これがあることで悩んだときに「そうだった！この経験が必ず活きる」と気持ちを軌道修正できますし、何かを決断するときの指針にもなります。人生のテーマはすぐには決められませんが、必ず自分にしっくりくるものが出てきます。一度時間を作ってテーマを考えるのがおすすめです。

057 迷ったら怖いほうへ

夢を語るときや新しいことに挑戦するとき。覚えておいてほしいのが、**必ず否定的な意見を言う人がいるということです。**

私も、グラビアの世界から女優になりたいと言ったときは「今のままでいいんじゃない？　もったいないよ」とか、カフェの経営や、映像のプロデュースに挑戦するときも「そこまでやるの？　名前だけでしょ？　大丈夫？」みたいな否定の声がほとんどで。変化していくことをポジティブに受け止めてくれる人は本当にごくわずかでした。「やめたほうがいいのかな？　今じゃないのかな？」と何度も弱気になったことがあります。

そんな不安を招く声は「チャレンジする人の勲章なんだ！」と思いましょう。

変わっていくときには、否定も一緒についてくるものだよ、と事前に心の準備をしておくことで、「うん、そんな声もあるよね」と動揺しないですみます。

いざ、進んだ環境でも、小さな問題は必ず出てくるし、窮地に立たされることもあります。「本当にこれでよかったのかな……」と思うこともあるかもしれません。

でも誰もが憧れるような方たちや、いわゆる〝大物〟と言われる方たちも、知ればば知るほど私たちと同じように、新しいことをするときに周りに反対されたりして不安や孤独感を抱えています。そんなとき彼らに共通しているのは、**どんな苦境の中にいるときも、その先の達成感を信じてワクワクすることをやめない！** こと。

人には〝怖さ〟の中でしか得られない成長や、挑戦した人にしか分からない学びがあります。**思考を重ねて重ねて、もがきながらも得た経験は、血となり肉となって誰にも奪うことのできない自信へとつながっていきます。** 挑戦する前も、いざ動き出したときも、**迷ったら怖いほうを選ぶことも必要。** ひとつ上の景色を見るための通過点だったんだな、と思う日が必ず来るはずです。

058 マイヒーローを持ち、心を元気にする！

突然ですが、私がなりたい人物像は、見た目がモニカ・ベルッチ、中身が安藤忠雄先生でございます。**外見と内面のマイヒーローを持つと、こうなりたい！というビジョンが明確になって、自分を奮い立たせてくれるのでおすすめです。**

もちろん、私の見た目が、モニカ様になれるわけないのは知っています（笑）。でも彼女の神々しい佇まいには少しでも近づきたい美しさがある。母親であり、離婚経験もあり、いまだ官能的な映画にも出て人々を魅了してしまう、あの自信たるや！　さらに年齢を重ねるほどに品がにじみ出る、理想的な朽ち方も憧れです。

今、美容医療がより身近な存在になってきて、施術や整形を人それぞれどこまで受け入れるか？　が問われる時代になっていますよね。そんなときも、**アイコンとなる存在がいることでジャッジの参考になります。「50代で人工的なツルピカ肌よ**

REX／アフロ

Peter Morlow／Magnum Photo／アフロ

りも、モニカのように自然な表情ジワがあるほうが魅力的だな」とか。「だけどデコルテは60代になっても彼女のように思いっきりさらけ出していきたいな」とか(笑)。自分の思い描く、歳の重ね方が見えてきます。

そして中身のマイヒーロー、建築家の安藤忠雄先生。

悲しいときや自分に負けそうなとき、安藤先生の人生のドキュメンタリーを、それはもう何度も見て、どれだけ励まされてきたか分かりません。

経済的な理由から独学で建築を学ばれて、世界中で圧倒的な評価を受ける実力を発揮し、80代になった今も変わらず革新的なデザインを生み出し続けている。2度のがんを経験して、胆管や十二指腸、膵臓などの五つの臓器を全摘したお身体でも、まったくエネルギーが衰えない！　その姿は尊敬のひとこと。

「**知的体力も肉体的体力も充実している40代は、これからの人生のエネルギーを蓄える時期。だからこそ一心不乱に全力で走り続けたほうがいい**」と語られている記事は、自分に活をいれてくれているような気がして、いつも肝に銘じています。

059
大人の恋愛観

世の中、「恋愛してないとダメ」「恋愛してないなんて、いい女じゃない」みたいな風潮に縛られがちですが、**私が思うに、恋愛はしなかったところで死にません。**恋愛がなくても幸せになる方法はいくらでもあると思っています。

逆に、**恋愛に依存しすぎて自分を見失ってしまうのは要注意です。**仕事をバリバリやって、趣味や旅行も楽しんでいるアクティブな女性も、一転恋愛となると「連絡が来ない、どうしよう」「浮気されたらどうしよう」「ほんとに私のこと好きなのかな」と極端に弱くなって悩みに悩んでしまう。その気持ち、よ〜く分かります。

大人になると相手の立場を察しすぎて、許すことが増えてしまいがちです。嫌われたくない！　の気持ちもあって素直な感情が言えず、「気づいてよ！　分かってよ！」という思いだけが募っていく。

息子を育ててようやく分かったんですが、男性という生き物は、言わないと一生分かりません（笑）。**恋愛上手な女性は、傷ついたことや望んでいることは、その都度軽めなテンションで（できれば愛想よく）伝えて、気持ちを切り替えるのがとても上手です。**相手に気を遣いすぎたり、嫌われたくないと我慢しつづけても、結局不安な気持ちは何も変わらず、破滅の道をたどりがちです。たとえ一緒にいられたとしても、いつか必ず自分の気持ちが壊れてしまう。ダメならしばらく放っておいて、自分の時間を楽しむ！　くらいのゆるい感覚が必要なんですね。

「この人モテるな〜」と思う女性は共通して、皆さん恋愛だけに生きていなくて、自立した時間を持っています。結局、男女問わず、自分を楽しめている人はキラキラとしていて気持ちに余裕がある。そんな姿に人は惹かれるものです。**大人の恋愛観は、依存や執着をせず、軽やかに！　が理想。**人生最後のときに一緒にいる人とゆっくり出会っていけたら、ぐらいの感覚でいたいと個人的には思っています。

060

コミュニケーションが苦手な人へ

職場の人や、子供の学校のママ友など、新しい人と打ち解けるにはどうすればいいですか？　という質問をよくいただきます。おすすめしたいのは、コミュニケーションを脳科学の視点からも教えてくれる私の英語の先生の「人との会話は3回質問するのが基本！」というアドバイス。

例えば、「美味しいお店を知っていますか？」「なぜ、そこがおすすめなの？」「わーいいですね！　どの辺りなんですか？」「おすすめのメニューは？」など、会話をワンターンで終わらせず深掘りしていきます。ビジネスにおいても、恋愛においても、**人は自分に3回続けて興味を持ってもらうと好意を感じて、ぐっと距離が近くなるんだそう。**コミュ力に自信がない方も、この「質問3回！の法則」を覚えておけば会話が楽になるし、相手と仲良くなれるきっかけになるはずです。

［おすすめの 英会話プログラム］
キッチン留学 https://kitchen-ryugaku.jp/
「信頼する英語の先生、塩原慶之さんのオンライン英会話プログラム。
家事や仕事の合間に効率よく、一日5分で話す力がつきます」

061
「人のために」が自分の幸せに

幸せの中には「与える喜び」があるということも忘れないでいてほしいです。

以前読んだ本、『「幸せ」について知っておきたい5つのこと』の中に、ブリティッシュ・コロンビア大学の実験で、「幼児に大好きなクラッカーを与えたとき」と、「幼児がそのクラッカーを、大好きなぬいぐるみに分けてあげたとき」では、断然、後者のほうが子供の幸福感を示す表情が大きかったという結果がありました。ほかのたくさんの子供たちの検証でも、結果はすべて同じだったそう！

喜んでもらえる、という気持ちは、人間が生まれ持った最高の幸せなんですね。

大人の私たちも、自分のためだけに欲しいものを手に入れるだけでは、いつかきっと幸せの限界がやってくるのだと思います。

［おすすめの書籍］
ＮＨＫ「幸福学」白熱教室制作班ほか　著
『「幸せ」について知っておきたい５つのこと』
２人の研究者が「幸せについて」科学的に解き明かした一冊。

「人のために」が、自分を奮い立たせる理由になることもあります。私も「どうやったら女性が幸せになれるか？」を基準に考えると可能性が広がってワクワクするし、たくさんの選択肢を前に迷うことが少なくなりました。

「次にプロデュースする映画では、シングルマザーの団体に寄付できる仕組みを考えよう」とか、「美容の力で、被災地の方たちの悲痛な気持ちが一瞬でも和らいでくれたら」など、誰かのお役に立てるかもしれない、という希望が自分を強くしてくれます。

結局は、人のためにやっていることが、自分の幸せとして返ってきているのだとつくづく感じています。


別に、人のため＝社会貢献という、大きなテーマに縛られる必要はありません。**まずは自分ができることで、誰かが喜んでくれる顔を想像してみるだけでもいい。**人を思いやる気持ちが、その後の人生に少しずつ、プライスレスな〝縁〟をもたらしてくれると信じています。

062 自立・副業のすすめ

今、大手企業でも社員に副業を認めて、積極的に後押しするところが出てきていますよね。時代は終身雇用が当たり前ではなくなり、プラスαのスキルが求められています。人生は思っているよりもずっと長い。だからこそ、ひとつの会社だけではなく、いくつかの収入源があるというのは安心にもつながります。

スキルを活かすにあたって、趣味や習い事でもいいですか？　という質問がありますが、もちろん大丈夫です。ただ、その**「好き」が仕事になるかも？　という可能性は探ってみてほしいです。**人生100年時代、退職後すぐに体力や知力が衰えることはありません。主婦の方も離婚があったり、パートナーが先に亡くなることもあるかもしれない。**経済的な意味で誰かに頼るのではなく、自分で稼げるという**

のは、選択肢がぐっと増えて、生きる希望にもなります。

今はウェブサイトを無料で簡単に作れて、商売ができる！　という素晴らしい世の中です。新しい仕事に不安はつきものですが、自分の可能な範囲のリスクの中でチャレンジしていくことは必要です。たとえ失敗しても、やらなかったときより経験値が上がって、必ず次へとつながっていきます。私も15年ほど前に手掛けた子供服ブランドは、すべてを自分でやろうとして失敗に終わった経験があります。でも「プロに頼むことも必要なんだ」とか、「原価をこれくらいに抑える必要があるんだ」などの問題点が明確になって、その経験は今の仕事にも活きています。

副業は、自分が好きなことから始めていけばいいのだと思います。興味があることじゃないと頑張れない、という気持ちに素直に従っていいんです。今からでもまったく遅くはありません。自分を守るために、豊かに生きるために、興味があることでお金を稼ぐ計画を少しずつでも立てていきましょう。

063

魅了されるのは、動いている人

私は15年ほど前、自分でも「どうしよう」と思うほど、望む仕事が来なかった時期がありました。バラエティメインの活動から、役者として新しい道を切り開いていきたいけど、待っていても何も始まらない苦しい時期でした。

何よりも怖い〝停滞〟の間も、ひたすら演技のワークショップに自ら通って先生から演技指導を受けたり、美容に力を入れて肌と気持ちを整えたり、『+コラボレート』というウェブサイトを作って才能ある方たちと作品を作ったり。とにかくどうなるかなんて分からないけど、動き続けたことで「なんかMEGUMIが変わったね」「お芝居がよくなってきたね」「なにか面白いものをプロデュースしているんですね」と言ってくださる方が増えて、少しずつ仕事が広がっていったという経緯があります。

またカフェの経営を始めたばかりのころ、ある経営者の方から「お店がキャンペーンやイベントをやるのは、儲けよりもまず、動いてる感じを伝えることが大切だから」と教わったことがありました。

結局のところ、人はプライベートにおいてもビジネスにおいても、何かに向かって動いている存在に魅了され、吸い寄せられていくのだと思います。

皆さんも経験があると思いますが、参加しようと思っていたレッスンの申し込みを後回しにしていたり、食器を洗うのを明日に残したり、仕事の締め切りが迫っているのにまだ手をつけていなかったり。大抵、1時間もしないで終わるようなことが胸の中にずっと付きまとって、罪の意識がたまってしまうようなことってありますよね。私ももちろん、すべてはできていません。

でも**心を労わるのも、肌や身体を整えるのも、人に幸せを与えるのも、「動くこと」で必ず光が見えてきます。失敗してもいい。やらなかった後悔が自分を苦しめないように。**動き出せた美しい表情を皆さんと共有していけたらと思っています。

おわりに

最後まで本を読んでいただいてありがとうございます。

今回は、私自身がメンタルに呑まれぐっちゃぐちゃになり、
たくさんの失敗をしてきた中で出会った
メンタルケア法や美容法をお伝えさせていただきました。

本の中でも書きましたが、女性はホルモンや
生理などの影響から、基本的には感情的な生き物だと思います。

そのうえ、人によると思いますが若いキャピキャピ時代から
急に妻になって、母になったかと思うと、
気がつけば職場ではベテラン扱い（笑）。

そんな急展開な人生に身体も心もついていけなくて当然です。
皆さま、本当にお疲れさまです。

ただ、そんな激しい日々の中でも、
自分の細かな変化に気づき、
癒やすのは残念ながら自分しか居ません。

私も、このことに気がついてから、
ある意味気が楽になったと同時に、

自分のことを気にする＝大切にする、
という感覚が自分の中に内蔵されました。

美容をすると確実にポジティブな変化が起きるし、
メンタルもケアすれば確実に変わります。

すぐには分からないけど、確実に変わるんです。

そんなふうに、自分を癒やし、整え、時には活を入れ、
自分のたづなを引きながら
皆さんの日々が少しずつ
ポジティブなものになることを願っています。

日々が変われば人生はマジで変わります。

お互いにいろいろ大変ですが、頑張りましょーね！

応援しています！

フレーッフレーッ頑張る女性たちっ‼

ドタバタな日常から抜け、

自分を見つめ直す旅の電車から。

2024年4月

MEGUMI

リトル・サイエンティスト　Tel.0586-62-8035

ルイ・ヴィトン クライアントサービス　Tel.0120-00-1854

レミル　bbjapan.0718@gmail.com

ALCHEMIST　Tel.03-5544-8997

ALHAMBRA　Tel.03-3419-6626

BONITO　Tel.03-6416-5326

Dcyua　Tel.06-6572-6611

Dr.ルルルン　Tel.0120-200-390

Hamee　Tel.0120-569-565

I－ne　Tel.0120-333-476

MARIEANNE　info@marieanne.shop

me　https://maroa.co.jp

MEDICAL O JAPAN　公式LINE＠512biqsz　公式Instagram@medicalo_japan

MENOTONE　https://www.menotone.com

NARS JAPAN　Tel.0120-356-686

nishikawaお客様相談室　Tel. 0120-36-8161

North up　northup.1212@gmail.com

OSAJI　Tel.0120-977-948

REBEAUTY　support@re-beauty.co.jp

SABON Japan　Tel.0120-380-688

SEVEN BEAUTY　Tel.0120-74-2999

SHISEIDOお客さま窓口　Tel.0120-587-289

SKIND JAPAN　https://skind.jp

STEP BONE CUT　https://sbcp-shop.jp/

SUQQU　Tel.0120-988-761

THREE　Tel.0120-898-003

uka Tokyo head office　Tel.03-5843-0429

※この本で紹介している商品の価格は税込です。価格は変更になる可能性があります。

[Shop List]

アディクション ビューティ　Tel.0120-586-683

アユーラ　Tel.0120-090-030

アルテ ディヴィーノ　Tel.03-3588-7890

石澤研究所　Tel.0120-49-1430

ウェルフ　info@bellemain.jp

エスティ ローダー　Tel.0120-950-771

エルツティンジャパン　Tel.03-6228-7774

オバジ　Tel.0120-234-610

花王　Tel.0120-165-696

銀座ROSSO　Tel.03-5524-2021

コスメキッチン　Tel.03-5774-5565

小林製薬 お客様相談室　Tel.0120-5884-06

ザ シシクイ　info@theshishikui.com

ジャパン・オーガニック　Tel.0120-15-0529

シロク　Tel.0120-150-508

スターティス　Tel.03-6721-1604

ステラ ボーテ カスタマーサポート　info@stellabeauteec.jp

スリーエム　Tel.03-6860-8342

泉涌寺　Tel.075-561-1551

たもん ECショップ　https://cafetamon-ecshop.com

日本健康食育協会　info@jhe.or.jp

ネロリハーブ　Tel.03-5432-9265

ハーモニティ　Tel.03-6875-3754

ビーバイ・イー　https://www.bxe.co.jp

ファイントゥデイホールディングス　Tel.0120-202-166

プレミアアンチエイジング　Tel.0120-557-020

ポロロッカ(ジュンカスタマーセンター)　Tel.0120-298-133

マールジャパン　Tel.03-6372-6701

[Costume Design]

P005,P006,P010,P041,P128　ベアドレス／エトレトウキョウ

P006,P009,P144,164,175　ジャケット、タンクトップ／スタイリスト私物、
パンツ／トゥーサム
（ジャック・オブ・オール・トレーズ プレスルーム）

P011,076,082　タンクトップ・パンツ／スタイリスト私物

P012,P161,P183　ベロアTシャツ／シー（エスストア）、チュールスカート／ソブ（フィルム）

P025,P028,P186　ピンクニット／スタイリスト私物

P033,046　トップス／ケラウズランブラ、ニットブルマ／ズールー アンド ゼファー
（共にジャック・オブ・オール・トレーズ プレスルーム）

P075　トップス・パンツ／クラネ（クラネデザイン）

P079　タンクトップ／ダブルスタンダードクロージング（フィルム）

P115　タンクトップ／スタイリスト私物

P121,P124,P143　シルクシャツ／プライベート・スプーンズ・クラブ
（プライベート・スプーンズ・クラブ 代官山本店）、
デニム／スタイリスト私物

P132,P135　ブランケット／カシウエア（カシウエア 事業部）

P139　チュールワンピース／サムソ サムソ（eight）

[Costume Cooperation]

ジャック・オブ・オール・トレーズ プレスルーム：Tel.03-3401-5001

eight：Tel.03-4530-3240

プライベート・スプーンズ・クラブ代官山本店：Tel.03-6452-5917

クラネデザイン：Tel.03-6432-2196

フィルム：Tel.03-5413-4141

エトレトウキョウ：customer@etretokyo.jp

エスストア：Tel.03-6432-2358

カシウエア事業部：Tel.03-6455-4388

[Photography Cooperation]

UTUWA：Tel.03-6447-0070

MEGUMI

俳優・タレント。1981年生まれ。岡山県出身。雑誌やテレビ番組で活躍するほか、多くのドラマ・映画に出演し、2020年2月に映画『台風家族』『ひとよ』で第62回ブルーリボン賞助演女優賞を受賞。最近では映像のプロデュースも多く手がけ、コンテンツスタジオ「BABEL LABEL」にプロデューサーとして参加。女性応援ドラマ『完全に詰んだイチ子はもうカリスマになるしかないの』『くすぶり女とすん止め女』（'22 〜 '23年・テレビ東京）も話題となった。人生のテーマは「女性であることを最大限に経験し、それを伝え、世の中の女性を幸せにする」。'23年刊の著書『キレイはこれでつくれます』（ダイヤモンド社）は発行部数48万部に達した。

撮影／東 京祐（人物）、西原秀岳（静物）
スタイリング／高木千智
ヘア／ shuco（3rd）
メイク／エノモトマサノリ
取材・文／小林加奈、根笹美由紀
イラスト／笹本絵里
取材協力／菅原あゆみ（ネロリハーブ）、ニーマル・ラージ・ギャワリ
食事・栄養監修／細川モモ、糸井麻希子、奈良岡佑南（一般社団法人ラブテリ）
編集協力／藤倉忠和、濵田智一

アートディレクション・デザイン／平原史朗

心《こころ》に効《き》く美容《びよう》

2024年5月12日　第一刷発行
2024年7月8日　第四刷発行
著者　MEGUMI《めぐみ》
発行者　清田則子
発行所　株式会社講談社
〒112-8001
東京都文京区音羽2-12-21
電話　03-5395-3814（編集）
　　　03-5395-3606（販売）
　　　03-5395-3615（業務）
印刷所　大日本印刷株式会社
製本所　大口製本印刷株式会社

ISBN 978-4-06-536056-9

KODANSHA